엑스포지멘터리 성경공부 시리즈

룻기 · 에스더

인도자용

룻기 1-4장 · 에스더 1-10장

엑스포지멘터리 성경공부 시리즈

룻기 · 에스더

인도자용

룻기 1-4장 · 에스더 1-10장

| 송병현 · 임우민 지음 |

EM Exposi Mentary

차례

룻기·에스더 엑스포지멘터리 성경공부 오리엔테이션
(60분 소요)

* 한 주의 성경공부는 60분을 기준으로 구성되어 있으나 그룹의 요구와 형편에 따라 조절하실 수 있습니다.

1. 찬양과 기도(5분)

다함께 찬양할 수 있는 곡을 선곡하십시오.
세미나 모임을 위해 기도하십시오.

2. 자기소개(10분)

1) **서로 잘 아는 사이의 그룹일 경우** – 한 명씩 돌아가면서 소개하도록 하십시오. 본인의 성격을 동물이나 꽃에 비유하여 소개하는 것도 자신의 특성을 잘 소개할 수 있는 방법입니다.
2) **서로 잘 모르는 사이의 그룹일 경우** – 두 명이 한 조를 이루어 각자의 '제일 잘하는 것 한가지'를 서로 나눕니다. 3분 정도 후 돌아가며 서로의 짝을 소개하는 시간을 갖습니다. 쑥스러운 분위기를 부드럽게 만드는 방법입니다.
   인도자가 먼저 자신을 소개하여 어떻게 하는지 본을 보입니다.

3. 학생용 책 나누어주기(5분)

인도자 지침서는 나누어주지 마십시오.

4. 엑스포지멘터리 성경공부에 대한 소개(2분)

'엑스포지멘터리'(EXPOSItory + comMENTARY = EXPOSIMENTARY, 해설주석)는 '해설, 설명'을 뜻하는 'expository'라는 단어와 '주석'을 뜻하는

'commentary'를 합성한 단어입니다. 본문의 뜻과 저자의 의도와는 연관성이 없는 주제와 묵상으로 치우치기 쉬운 expository의 한계와 필요 이상으로 논쟁적이고 기술적일 수 있는 commentary의 한계를 극복하여 가르치는 사역에 도움을 주기 위한 새로운 장르입니다.
〈엑스포지멘터리 시리즈〉로 재구성한 '엑스포지멘터리 성경공부 시리즈'는 **올바른 성경해석과 적절한 말씀적용**을 핵심 목적으로 하는 평신도를 위한 성경공부 교재입니다.

5. 룻기·에스더 서론(20분)

학생용의 교재를 사용하며 같이 나눕니다.

* 룻기 시작 전 서론만 나눕니다.

1. 룻기의 중심 메시지
   1) 구약 정경에서 책의 위치
   2) 계대 결혼과 기업 무를 자의 의무
   3) 하나님의 주권
   4) 하나님의 인애
   5) 하나님의 숨겨지심
   6) 하나님의 포용력

2. 룻기의 구조와 개요
   1) 대가 끊긴 집안의 슬픔(1:1-5)
   2) 대가 끊긴 집안의 해체(1:6-22)
   3) 대를 이을 수 있는 실낱 같은 희망(2:1-23)
   4) 대를 잇기 위한 노력(3:1-18)
   5) 대를 잇게 된 가족(4:1-17)
   6) 대가 이어진 가족의 기쁨(4:18-22)

* 에스더가 시작될 때 서론을 잠시 나누도록 합니다.

1. 에스더의 중심 메시지

1) 하나님의 섭리
2) 보이지 않는 하나님
3) 부림절
4) 조상의 불순종
5) 민족주의

2. 에스더의 구조와 개요
1) 유대인이 위협을 받음(1:1–5:14)
2) 반전하는 운명(6:1–9:19)
3) 부림절 제정(9:20–32)
4) 맺는 말: 모르드개의 위대함(10:1–3)

6. 이 책의 구성 및 사용 방법(5분)

1) 복습 – 예상소요시간 5분

– 복습은 지난주에 배운 말씀 중 가장 핵심적인 부분을 이해하고 있는지 확인하는 부분입니다.
– 지난주에 결단했던 '**생활의 아로마**'가 어떻게 진행되었고, 삶에 어떤 변화를 가져왔는지 간단히 나눕니다.

2) 말씀 돋보기(관찰) – 예상소요시간 20분

– 말씀 돋보기는 숙제로 제시합니다.
– 말씀 돋보기는 Tip을 제시하고 있으며, Tip을 자세히 읽으면 스스로 답을 얻을 수 있습니다. 그러나 되도록 성경에서 답을 찾고 기록한 후, 그 문제를 이해했는지 Tip을 통해 확인하도록 하십시오.
– 모임 시 함께 풀어보며 문제들에 필요한 추가설명을 곁들이며 어려움이 없었는지 확인합니다.

3) 삶의 내비게이션(적용) - 예상소요시간 25분

- 삶의 내비게이션은 모임시간에 함께 나누는 부분입니다.
- 삶의 내비게이션은 과거, 현재, 미래형 질문으로 구성되어 있습니다.

4) 생활의 아로마(실천) - 예상소요시간 5분

- 생활의 아로마는 구체적인 실천과제를 학생 스스로 적고 실천하는 부분입니다.
- 생활의 아로마는 매주 모임에서 토론한 내용 중에서 각자의 상황과 결단에 맞추어 한 가지 정도의 구체적인 실천과제를 제시합니다. 다음 모임을 시작하면서 실천과제를 서로 나눕니다.
- 나눔의 깊이는 성령님의 인도하심, 인도자의 지혜, 그리고 그룹 구성원의 서로에 대한 신뢰의 정도에 따라 차이를 보일 수 있습니다.
- 학생용 교재 뒷부분의 "**룻기·에스더** 말씀 공부를 통한 삶의 변화 일지"를 이용해 엑스포지멘터리 성경공부를 통해 갖게 된 삶의 변화 과정과 결과를 한눈에 볼 수 있게 하였습니다.

〈엑스포지멘터리 성경공부 시리즈 구성〉

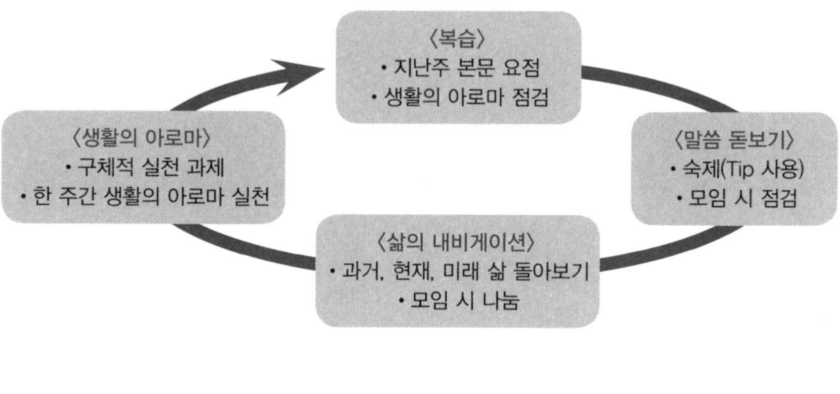

7. 서류 작성(5분)

신청서, 기도제목, 비밀 유지 서약서(교재 뒷부분)등을 작성합니다. 서로의 기도제목을 작성하고 인도자가 정리 후 나누어 주어, 매주 모임에서 함께 중보할 수 있도록 합니다.

8. 기대와 포부(5분)

성경공부 모임을 통해 기대하는 것을 구성원 중 두 명 정도만 이야기하도록 합니다.

9. 숙제와 실천과제(5분)

한 주간의 말씀 돋보기 부분을 숙제해 오도록 하십시오.
실천과제로 **룻기(1~4장), 에스더(1~10장)**을 소리내어 한 번 읽어오도록 하십시오.

10. 기도

다 함께 이 성경공부 모임을 위해 기도하십시오.
다음 모임의 약속과 장소를 다시 한번 공지하십시오.

룻기 서론

1. 소개

룻기는 짧은 분량이지만 독자의 마음을 참 따뜻하게 해주는 책이다. 모두 평범한 등장인물들이지만 인간미와 정이 넘치는 신앙인들이기 때문이다. 이 책은 남편과 두 아들을 잃고 망연자실해하는 나오미의 텅빈 삶으로 시작해, 나오미를 포함한 모든 등장인물의 삶이 만족으로 채워지면서 모두가 행복해지며 책을 마무리한다. 그러므로 룻기는 나오미처럼 삶이 텅 비었다고 생각되거나 더 나아가 하나님이 자신을 버리셨다고 생각하는 사람을 위한 책이다. 또한 룻기는 사사기의 '어두움'과 사무엘서의 '요동' 사이에 끼어 있는 '조그마한 평안'이다. 격동하는 사사기와 요동하는 사무엘서 사이에 위치한 매우 평온한 이야기이다. 룻기는 어려운 시대를 살았던 한 평범한 가정의 이야기를 통해 직접적으로는 보이지 않는 하나님이 이 가정을 어떻게 축복하셨는가를 매우 서정적으로 전하고 있다.

2. 룻

이 책의 이름은 주인공으로 등장하는 모압 여인 룻의 이름에서 비롯되었다. 정경 중에서 이방 여인의 이름을 따서 불리는 책은 룻기가 유일하다. 그러나 룻기의 중심인물은 나오미와 보아스이다. 이러한 정황에서 저자가 이 책을 룻기로 부르기를 원했던 것은 이방 여인에 대해 얼마나 큰 호감을 가지고 있었는가를 보여준다.
룻은 이스라엘 하나님 여호와를 알고 믿은 좋은 이방인의 예로 전해진다. 국제결혼을 해서 만난 남편이 죽은 후 문화와 시대를 초월해서 찾아보기 어려운 아름다운 일을 했다. 남편과 두 아들을 잃고 홀로된 나오미를 버리지 않았다. 의지할 곳 없는 외국인 시어머니를 죽기까지 보살피기로 결심했다. 또한 룻은 다윗의 조상으로서 역사 속에 빛난다. 뿐만 아니라 마태복음 1장에 언급된 예수님의 계보에 등장하는 다섯 여인 중 하나이다.

3. 저자와 시대적 정황

룻기의 저자는 구약의 다른 책들처럼 익명으로 우리에게 전해져 왔다. 탈무드는 사무엘이 저작했다고 보지만 이 같은 주장을 수용하는 학자는 거의 없다.
룻기의 저작연대에 대한 다양한 해석이 있지만 다윗이 왕이 된 지 얼마 되지 않은 때로 간주한다. 무엇보다도 이 시대는 다윗의 뿌리에 대해 설명할 필요가 있었고, 다윗의 외국인 우호 정책과도 잘 어울린다.
룻기의 역사적 정황은 사사 시대가 확실하다. 그러나 사사 시대 중에서 언제쯤인지는 정확한 언급이 없다. 보아스가 다윗의 할아버지로 등장하는 것을 보면 상당히 늦은 사사 시대인 것 같다. 아마도 선지자 사무엘이 사역하던 시대를 역사적 배경으로 하고 있는 듯하다.

4. 저작 목적

첫째, 룻기의 주인공 룻은 모압 여인이었으며, 에스라와 느헤미야 시대 성행했던 '반 국제결혼 분위기'에 반대하는 논쟁으로 쓰여졌다.
둘째, 룻기는 고대 유대의 여러 풍습을 설명하기 위해 저작되었다. 그래서 룻기는 계대 결혼, 친척끼리의 구제, 신발 던지기 등 이스라엘에서 잊혀져 가는 풍습을 설명하고 있다.
셋째, 룻기는 아름다운 이야기로 주의 백성을 격려하고 자비/인애로 번역되는 히브리어 단어 '헤세드'가 무엇인가를 알리려고 쓰여진 책이다.
넷째, 룻기는 한 평범한 가족 이야기를 통해, 보이지 않는 곳에서 모든 것을 주관하시고 조정해 나가시는 하나님의 사역을 노래한 책이다.

5. 중심 메시지

구약 정경에서 책의 위치

룻기는 사사기와 사무엘서 사이에 위치하며, 이 같은 순서는 칠십인역의 정경 순서를 반영한다. 반면에 유대인의 정경 분류와 위치는 어느 정도의 유동성을 지녔던 것으로 생각된다.

룻기는 주요 절기 때 읽혔던 다섯 권의 책으로 구성된 메길롯(megillot: 두루마리)의 첫 번째 책으로 자리를 잡았다. 메길롯은 룻기, 아가, 전도서, 예레미야애가, 에스더 등으로 이루어져 있다. 메길롯을 구성하는 다섯 권의 책들은 절기의 순서에 따라 나열되어 있다.

계대 결혼과 기업 무를 자의 의무

룻기와 연관해 학자들은 여러 가지 풍습을 지적한다. 이중 가장 많이 언급되는 풍습이 바로 계대 결혼이다. 이에 대한 율법은 신명기 25:5-10에 언급하고 있다.

룻기는 이러한 전통으로 룻과 보아스를 묶는다. 그러나 엄밀히 말하면 룻기 안에 기록된 사건은 계대 결혼이 아니다. 룻기에서 진행되는 일은 형제 사이의 일이 아니므로 민수기 25장에 등장하는 '고엘'로 보아야 한다. 고엘 제도는 사람의 긍휼과 자비에 호소하는 제도였으므로 꼭 이행해야 할 의무는 없다. 룻기의 고엘 제도는 계대 결혼의 일부로 보여진다.

하나님의 주권

룻기는 85절로 이루어져 있는 짧은 책인데, 이중 23절은 하나님에 대해 언급한다. 하나님에 대한 언급 중 두 절(1:6; 4:13)을 제외하고는 모두 등장인물들의 대화에서 발견된다. 룻기가 등장인물들을 통해 하나님의 주권을 강조하지만, 정작 하나님의 모습은 한 번도 보이지 않는다. 즉, 등장인물들은 끊임없이 하나님의 주권과 신실하심을 찬양하지만 하나님은 정작 한 번도 모습을 드러내지 않으신다. 그러므로 룻기는 보이지 않는 곳에서 모든 것을 주관하시는 하나님의 주권을 강조한다.

하나님의 인애

룻기는 '자비/인애'가 어떤 것인가를 정의하는 책이다. 히브리어 단어 '헤세드'는 구약에서 3분의 2 이상이 하나님과 직접 연관되어 사용된다. 헤세드는 다음과 같은 다양한 의미와 조건을 가졌다.

첫째, 헤세드는 이미 성립된 관계를 전제한다.

둘째, 헤세드는 감정과 의도적인 면모를 포함하고 있지만 가장 기본 성향은 실천이다.

셋째, 헤세드는 강한 자가 약한 자에게 베푸는 것이다.

넷째, 헤세드는 자신이 감당할 의무/책임 이상의 선처를 자발적으로 베푸는 것이다.

룻기는 등장인물의 삶을 통해 헤세드를 더욱 부각한다. 룻은 홀로된 시어머니에게 헤세드를 베풀고, 보아스도 자신이 하지 않아도 될 무관한 일을 큰 경제적인 소실을 감수하면서까지 룻에게 헤세드를 베푼다. 룻기를 통해 하나님은 자신을 사랑하는 공동체가 어떤 자세로 서로를 바라보며, 어떻게 서로 도우며 살아야 할지 가르쳐 준다. 우리는 서로에게 인애를 실천해야 한다. 룻처럼 사랑하고, 보아스처럼 인애해야 한다.

하나님의 숨겨지심

등장인물의 입술을 통해 끊임없이 찬양을 받으시는 하나님의 이름과는 대조적으로 책 안에서 하나님의 직접적인 인도나 역사하는 손길은 보이지 않는다. 하나님의 역사로 볼 수 있는 일들을 룻기에서는 우연 혹은 인간 행동의 결과로 표현한다. 룻기의 이 같은 묘사법은 생소할 뿐만 아니라 다소 충격적으로 여겨질 수도 있다. 그러나 의도적으로 하나님을 사람의 평범한 일상과 우연으로 가리는 데는 중요한 이유가 있다. 사람은 신앙의 척도를 기적을 행하는 능력으로 가늠하려고 하는데, 룻기는 가장 건강하고 바람직한 믿음은 이렇다 할 이적이 일어나지 않고 평범한 일상이 계속되고, 심지어 하나님이 모습을 감추고 침묵하실지라도 묵묵히 그분을 바라며 기다리는 것이라고 한다. 룻기는 하나님을 일상의 '우연' 뒤에 감춤으로 이 같은 진리를 선포하고 있다.

하나님의 포용력

룻기는 하나님이 어떤 사람을 사용하시는가를 암시해 준다. 룻기는 평범한 사람들의 이야기로 내놓을 만한 영웅이 없다. 등장인물은 하나같이 평범한 신앙인이다. 지극히 평범한 일상에서 서로에게 인애를 베풀다가 하나님께 쓰임 받은 사람들이었다. 하나님은 때로는 영웅도 쓰시지만, 지극히 평범한 사람도 쓰신다. 룻기는 하나님이 평민을 사용하여 역사하실 수 있다는 사실을 가르쳐 주고 있다.

6. 개요

Ⅰ. 대가 끊긴 집안의 슬픔(1:1–5)
  1장 엘리멜렉 집안의 피난(1:1–2)
  2장 엘리멜렉 집안의 위기(1:3–5)
Ⅱ. 대가 끊긴 집안의 해체(1:6–22)
  1장 대책(1:6–18)
  2장 베들레헴으로(1:19–22)
Ⅲ. 대를 이을 수 있는 실낱 같은 희망(2:1–23)
  1장 만남 준비: 이삭 줍는 룻(2:1–3)
  2장 룻과 보아스의 만남(2:4–16)
  3장 만남의 결과: 희망의 불씨(2:17–23)
Ⅳ. 대를 잇기 위한 노력(3:1–18)
  1장 만남 준비: 나오미의 계획(3:1–5)
  2장 룻과 보아스의 만남(3:6–15)
  3장 만남의 결과: 확고한 희망(3:16–18)
Ⅴ. 대를 잇게 된 가족(4:1–17)
  1장 보아스의 법적 노력(4:1–12)
  2장 결과(4:13–17)
Ⅵ. 대가 이어진 가족의 기쁨(4:18–22)

에스더 서론

1. 소개

에스더서는 타국에서 생존을 위협받는 유대인이 어떻게 위기를 모면했는가를 극적으로 회고하는 책이다. 이 과정에서 보잘것없는 한 유대인 고아 소녀가 어떻게 페르시아의 왕비가 되었고, 왕과의 관계를 이용해 진멸 위기에 처한 자기 백성을 모두 구원했는가를 전하고 있다.

에스더서는 하나님의 이름을 한 번도 사용하지 않았으며, 하나님의 역사하심에 대한 직접적인 언급이 없다. 뿐만 아니라 안식일 준수, 음식 금지 규정, 국제결혼 금지에 관한 언급도 없다. 그러나 보이지 않는 손길로 세상의 모든 일을 주관하시는 하나님의 모습을 돋보이게 하는 책이다. 더불어 꼬리에 꼬리를 물고 일어나는 일상적인 사건 속에서 하나님의 사역을 볼 것을 호소하고 있다. 에스더서는 가치 판단에 있어서 '거룩한 것'과 '속된 것'을 지나치게 구분하는 일이 정말 성경적인지 다시 한번 생각하게 한다. 하나님의 사역의 범위가 단순히 '거룩한 영역'에만 머무는 것이 아니라, '속된 영역'도 포함하기 때문이다.

2. 에스더

'에스더'라는 책의 이름은 여주인공 에스더를 의식해서 주어졌다. '에스더'는 페르시아어로 '별'이란 뜻이다. 그녀는 주의 백성 위에 죽음의 먹구름이 드리워져 있을 때 생명의 빛을 발하는 샛별같은 사람이었으며, 자신의 빛으로 많은 사람을 죽음에서 구했다. 저자는 에스더를 상당히 세속적인 여인으로 묘사한다. 율법에 관심이 없는 듯하며, 자신이 유대인이라는 사실을 숨기고 새 왕비를 뽑는 '미녀 선발대회'에 참가했다. 그런데 하나님은 왕비로 선발된 에스더를 자기 백성을 구원하는 일에 도구로 사용하신다. 저자는 에스더를 '겉모양' 혹은 '속됨'으로 모든 것을 단정하거나 판단하지 말 것을 권면한다.

3. 저자와 연대

에스더서는 저자나 저작 시기를 전혀 언급하지 않는다. 우리가 저자에 대해 알 수 있는 정보는 가나안 땅 밖에서 살았고, 페르시아 제국의 문화와 수도 수산에 대해 잘 알고 있던 유대인이었다는 점이다.
학자들은 책이 문서화되었을 시대로 빠르게는 아하수에로가 죽은 직후로 추정한다. 이 같은 추측은 에스더 10:2에 그의 통치에 대해 요약적인 문구를 담고 있는데, 이 구절은 아하수에로 왕의 죽음을 전제하기 때문이다.
에스더의 저작 시기는 다양한 의견이 있지만 모든 것을 고려할 때 책이 저작되었을 가장 이른 시기는 주전 5세기, 가장 늦은 시기는 알렉산더 대왕의 헬라 제국이 시작되는 시대를 전후로 책이 집필된 것으로 간주하는 것이 바람직해 보인다.

4. 저작 목적

어떤 목적으로 에스더서가 저작되었는가를 파악하는 것은 매우 어려운 일이다. 에스더서는 무엇보다도 하나님의 섭리와 하나님의 숨겨지심을 절묘하게 조화시키는 책이다.
에스더서가 강조하는 하나님의 숨겨지심은 현대를 살아가는 우리에게 매우 적절한 메시지를 전한다. 에스더서 안에서 이렇다 할 하나님의 직접적 개입이 없음은 오늘의 현실과 매우 비슷하다. 그럼에도 하나님의 구원의 손길이 이스라엘을 향해 펼쳐졌던 것같이 그분의 보호하는 손이 오늘을 살아가는 성도에게도 펼쳐져 있다. 에스더서는 성도에게 지극히 평범한 일상 중에 하나님의 섭리를 보는 안목을 갖도록 권면하는 책이다.

5. 역사적 정황

책이 기록된 사건은 크세르크세스 1세(486–465 BC) 시대에 페르시아 제국에서 약 10년에 걸쳐 있던 일을 기록한다. 이 크세르크세스는 에스더서 안에서 아하수에로 왕으로 알려져 있으며, 그가 다스리던 페르시아 제국은 당시 근동 지역 전체를 통치하고 있었다.
크세르크세스가 즉위할 때의 페르시아 제국은 쇠퇴기로 접어드는 때로, 그의 제국은 쇠퇴를 거듭하다가 주전 330년에 알렉산더 대왕이 이끈 그리스 군에 의해 함락되었다. 에스더서는 주전 538년에 고레스가 바빌론을 함락시킨 일을 기념하기 위해 허락한 종교와 귀향의 자유에 따라 유다로 돌아오지 않고 바빌론과 수산에 거주하던 포로민의 생활의 한 단면을 보여주고 있다.

6. 중심 메시지

하나님의 섭리

에스더서의 신학을 논할 때 책의 핵심 중심 주제는 하나님의 섭리이다. 에스더서는 마치 세상에는 인간 통치자의 권력만이 난무하는 것으로 묘사하는 반면에 하나님이 사용한 에스더는 전혀 힘이 없다. 그럼에도 불구하고 에스더는 하만을 낮추고 모르드개를 올리는 등 왕의 권력을 원하는 대로 사용한다. 표면적으로는 페르시아 왕이 모든 것을 통치하고 있지만, 실제로 연약한 여인을 통해 하나님의 섭리에 따라 움직이고 있을 뿐이다. 에스더서는 우연처럼 보이는 수많은 일 가운데서 하나님의 확실한 손길과 역사하심을 목격할 수 있다.

보이지 않는 하나님

성경에는 하나님의 이름을 언급하지 않는 책이 두 권 있다. 에스더서와 아가서이다. 에스더서는 성전, 언약, 기도 및 다른 유대 종교 요소를 전혀 언급하지 않는다. 종교적 요소뿐만 아니라 심지어 하나님 이름까지 언급하는 것을 꺼리는 것에 대해 학자들의 의견은 다양하다. 저자는 에스더서에서 하나님이 보이지 않는 것을 인간 행동의 중요성을 강조하는 방법으로 사용한다. 에스더와 모르드개의 행동이 온 유대인의 생사를 좌우하고 있다. 이들은 수동적으로 하나님의 역사를 기다리지 않고 자신을 하나님의 도구로 '스스로' 임명한다. 그러므로 에스더서는 우리 삶에 매우 현실적인 주해라고 이해할 수 있다. 때로는 우연 같고, 때로는 하나님의 침묵 속에 진행되는 일 같지만, 사실은 우리의 모든 일이 하나님의 주권 아래, 주님의 은혜로운 개입에 의해 진행되고 있음을 명확하게 선언하고 있는 책이다.

부림절

유대인의 절기 중 유일하게 모세오경에 언급하지 않은 절기가 바로 부림절이다. 에스더서에서 유래가 설명되는 이 절기는 하만의 음모 때문에 위기에 빠졌던 이스라엘 사람의 운명이 전화위복된 것을 기념하는 날이다. '부림'은 '제비뽑기'의 복수형이다. 하만이 이 방법으로 유대인을 죽이기에 좋은 날짜를 정한데서 비롯되었다(3:7; 9:24). 유대인은 끝에 가서 자신들의 '운명'이 역전된 것을 축하한다(9:26,28,29,31,32).

조상의 불순종

모르드개는 이스라엘의 초대 왕이자 베냐민 자손이었던 사울의 아버지인 기스의 후손이다(2:5). 하만은 사울이 하나님께로부터 진멸하라는 명령을 받았던 아말렉 족속의 왕인 아각의 자손이다(3:1; cf. 삼상 15장). 사울은 진멸 명령을 어기고 아각을 살려 두었다가 하나님께 버림받았다. 그렇다면 하만과 모르드개의 갈등은 작게는 사울과 아각 집안의 갈등의 연속이며, 크게는 출애굽 때 시작된 이스라엘과 아말렉 족 사이의 갈등의 지속이다(cf. 출 17장). 결국 모르드개는 조상 사울이 하나님 명령을 어기면서까지 '끝내지 않은 일'로 엄청난 갈등과 대가를 치러야 했다. 이처럼 우리의 불순종이 전혀 예측하지 못한 때와 장소에서 엄청난 파장을 일으킬 수 있다.

민족주의

유대인 사이에서 에스더만큼 인기를 누린 책도 드물다. 에스더가 유대인 역사 가운데 박해자를 이기고 승리한 몇 안 되는 사건 중 하나를 기록하고 있기 때문이다. 그들은 에스더서에서 영웅은 유대인이고, 유대인을 해하려 하는 자는 모두 심판받을 것이라는 교훈으로 생각한다. 그래서 학자들 중에는 에스더서가 지나치게 유대인 민족주의를 지향한다고 주장하는 사람도 있다. 그러나 성경에 언급되는 유대인 이야기는 '하나님 백성'이라는 관점에서 이해해야 한다. 물론 민족 우월주의는 비성경적이며 교회는 이런 사상을 철저히 배척해야 한다. 그러나 성경은 건강한 민족애는 권장한다. 하나님이 세상에 있는 온갖 백성을 창조했고, 각각 기업을 주어 살게 하셨기 때문이다.

7. 구조와 개요

Ⅰ. 유대인이 위협을 받음(1:1–5:14)
- 1장 아하수에로 왕의 위험한 잔치(1:1–22)
- 2장 에스더가 왕비가 됨(2:1–18)
- 3장 모르드개가 역모를 알게 됨(2:19–23)
- 4장 하만의 유대인에 대한 음모(3:1–15)
- 5장 에스더의 용맹스러운 결단(4:1–5:14)

Ⅱ. 반전하는 운명(6:1–9:19)
- 1장 모르드개가 포상을 받음(6:1–14)
- 2장 하만이 죽음을 맞음(7:1–10)
- 3장 왕이 유대인을 도움(8:1–17)
- 4장 유대인의 승리(9:1–19)

Ⅲ. 부림절 제정(9:20–32)
- 1장 모르드개의 서신(9:20–28)
- 2장 에스더가 모르드개의 서신을 확인함(9:29–32)

Ⅳ. 맺는 말: 모르드개의 위대함(10:1–3)

제1주 깊어가는 절망

룻기 1:1–14

학습목표

1. 서로의 선택을 존중해야 한다는 사실을 알 수 있다.

KEYWORD **절망, 위기, 죽음**

Ⅰ. 찬양과 기도

Ⅱ. 복습문제 풀이

복습

1 룻기 서론을 읽고 가장 기억에 남는 것은 무엇인가?
룻기의 저자와 연대, 저작 목적, 역사적 정황, 신학적 이슈와 메시지 중에서 이야기하도록 한다.

Ⅲ. 말씀 룻기 1:1–14을 다 함께 읽는다

1:1 사사들이 치리하던 때에 그 땅에 흉년이 드니라 유다 베들레헴에 한 사람이 그의
아내와 두 아들을 데리고 모압 지방에 가서 거류하였는데 2 그 사람의 이름은 엘리멜
렉이요 그의 아내의 이름은 나오미요 그의 두 아들의 이름은 말론과 기룐이니 유다 베
들레헴 에브랏 사람들이더라 그들이 모압 지방에 들어가서 거기 살더니 3 나오미의

남편 엘리멜렉이 죽고 나오미와 그의 두 아들이 남았으며 4 그들은 모압 여자 중에서
그들의 아내를 맞이하였는데 하나의 이름은 오르바요 하나의 이름은 룻이더라 그들이
거기에 거주한 지 십 년쯤에 5 말론과 기룐 두 사람이 다 죽고 그 여인은 두 아들과 남
편의 뒤에 남았더라 6 그 여인이 모압 지방에서 여호와께서 자기 백성을 돌보시사 그
들에게 양식을 주셨다 함을 듣고 이에 두 며느리와 함께 일어나 모압 지방에서 돌아
오려 하여 7 있던 곳에서 나오고 두 며느리도 그와 함께 하여 유다 땅으로 돌아오려고
길을 가다가 8 나오미가 두 며느리에게 이르되 너희는 각기 너희 어머니의 집으로 돌
아가라 너희가 죽은 자들과 나를 선대한 것 같이 여호와께서 너희를 선대하시기를 원
하며 9 여호와께서 너희에게 허락하사 각기 남편의 집에서 위로를 받게 하시기를 원
하노라 하고 그들에게 입 맞추매 그들이 소리를 높여 울며 10 나오미에게 이르되 아니
니이다 우리는 어머니와 함께 어머니의 백성에게로 돌아가겠나이다 하는지라 11 나오
미가 이르되 내 딸들아 돌아가라 너희가 어찌 나와 함께 가려느냐 내 태중에 너희의
남편 될 아들들이 아직 있느냐 12 내 딸들아 되돌아 가라 나는 늙었으니 남편을 두지
못할지라 가령 내가 소망이 있다고 말한다든지 오늘 밤에 남편을 두어 아들들을 낳는
다 하더라도 13 너희가 어찌 그들이 자라기를 기다리겠으며 어찌 남편 없이 지내겠다
고 결심하겠느냐 내 딸들아 그렇지 아니하니라 여호와의 손이 나를 치셨으므로 나는
너희로 말미암아 더욱 마음이 아프도다 하매 14 그들이 소리를 높여 다시 울더니 오르
바는 그의 시어머니에게 입 맞추되 룻은 그를 붙좇았더라

Ⅳ. 관찰문제의 바른 답

말씀 돋보기(관찰)

1 유다 베들레헴 사람 엘리멜렉이 모압 지방으로 간 이유는 무엇인가?(룻 1:1)

흉년 때문에

Tip

베들레헴에 살던 한 남자 엘레멜렉은 기근을 피해 가족을 데리고 모압 지방으로 갔다. 성경에 의하면 흉년은 여러 가지 이유에서 비롯된다.

(1) 자연 현상(창 41:27; 왕상 18:2; 왕하 8:1; 행 11:28)

(2) 질병 창궐과 메뚜기 떼(암 4:9–10)

(3) 가축의 죽음(왕상 18:5)

(4) 전쟁(왕하 6:24–25; 사 1:7)

성경은 이스라엘에 흉년이 드는 것을 언약적 저주 중 하나로 말한다(레 26:18–20; 신 28:23–24; cf. 왕하 8:1; 사 3:1; 렘 14:13–18; 암 4:6). 본문은 이스라엘을 강타한 흉년이 자연 현상인지, 아니면 하나님께로부터 온 재앙인지 정확히 밝히지 않는다. 그러나 흉년이 요단 계곡 건너편에 위치한 이웃 나라 모압에는 영향을 미치지 않고, 6절에 "주님께서 백성을 돌보셔서 고향에 풍년이 들게 하셨다"고 한 점을 감안할 때, 이 기근은 하나님이 이스라엘에게 내린 심판이라 할 수 있다.

2 엘리멜렉의 가족의 구성원은 누구이며(1:2), 집안의 위기는 어떻게 찾아왔는가?(룻 1:3–5)

구성원: 엘리멜렉과 그의 아내 나오미, 아들 말론과 기룐

위기: 남편의 죽음과 두 아들이 자식을 두지 못하고 죽음

Tip

흉년을 피해 가족을 데리고 모압으로 떠난 사람의 이름은 엘리멜렉이었으며(2절), 아내는 나오미였다. 그들에게는 두 아들이 있었는데, 이름은 말론과 기룐이었다.

엘리멜렉: 나의 하나님/신은 왕이시다.

나오미: 아름다움, 환희, 좋음

말론: 보석, 장식 혹은 병든 자

기룐: 연약함, 혹은 파괴/죽음

남편 엘리멜렉의 죽음과 두 아들이 자식을 두지 못하고 죽자 나오미는 두 가지 위기를 맞이했다. 먼저, 남편 집안이 자손이 없어 멸망하게 된 것이다. 고대 근동에서 자손이 없어 집안이 망하는 것은 최고의 비극이자 수치였으며, 하나님/신의 심판이라고 생각했다. 또한 아들들의 죽음을 통해 나오미는 노년에 보살펴줄 사람이 없게 되었다.

3 나오미가 며느리들을 돌려보내며 빌어준 복은 무엇인가?(룻 1:8-9)

a) 여호와께서 너희에게 인애(헤세드)를 베풀기를 빈다.

b) 여호와께서 너희에게 새 남편을 만나 행복한 가정을 이루도록 해주시기를 빈다.

Tip 나오미는 며느리들에게 각자 어머니 집으로 돌아가라며 두 가지 복을 빌어주었다.

첫째, 여호와께서 너희에게 인애(헤세드)를 베풀기를 빈다(8b절).

나오미는 이때까지 며느리들이 지극정성으로 죽은 남편과 시어머니인 자기를 친절하게 섬기고 대해준 것에 고마움을 표하며 이 같은 복을 빌어주었다.

둘째, 여호와께서 너희에게 새 남편을 만나 행복한 가정을 이루도록 해주시기를 빈다(9a절).

나오미는 며느리들이 죽은 남편을 과거에 묻고 새 출발해서 행복한 가정을 이루기를 바라고 있다.

4 나오미가 울며 떠나지 않겠다는 며느리들에게 다시 권면하는 세 가지 내용은 무엇인가?(룻 1:11-13)

a) 나에게는 너희에게 줄 아들이 없다.

b) 앞으로도 너희에게 아들을 줄 수 있는 가능성이 전혀 없다.

c) 여호와께서 너희를 통해서 나를 치셨으니, 내가 너희를 볼 때마다 더욱 마음이 아프다.

Tip 첫째, 나에게는 너희에게 줄 아들이 없다(11절).

지금 만일 나오미에게 어린 사내아이라도 있거나 혹은 그녀의 뱃속에 아이라도 있다면 며느리들이 그녀와 함께 베들레헴으로 가는 명분이라도 서겠지만, 현실이 그렇지 않아 어떠한 소망도, 명분도 없으니 돌아가라는 것이다.

둘째, 앞으로도 너희에게 아들을 줄 수 있는 가능성이 전혀 없다(12-13a절).

지금 당장 남자를 만나 결혼한다고 할지라도 아들을 낳을 수 없는 나이고, 아들을 낳는다 해도 그 아들이 자라서 형수들과 결혼할 때를 기다리는 것은 어리석은 일이니 현명하게 판단하고 돌아가라고 권면한다.
셋째, 여호와께서 너희를 통해서 나를 치셨으니, 내가 너희를 볼 때마다 더욱 마음이 아프다(13b절).
나오미는 아들들이 죽은 뒤 그들이 남기고 간 과부 며느리들을 볼 때마다 하나님이 자기에게 내린 벌이 생각나서 아픔이 더욱 가중된다는 것이다.

5 오르바와 룻의 선택의 결과는 무엇인가(룻 1:14)

오르바 - 떠남
룻 - 남음

Tip 오르바는 시어머니의 호소에 설득되어, 나오미에게 작별을 고하는 입맞춤을 하고 자기 어머니 집으로 돌아갔다. 성경은 오르바를 비난하지 않는다. 일반적으로 생각하면 오르바처럼 행동했을 것이다.
반면 룻은 오히려 강력하게 시어머니에게 '달라붙었다'(14절, 새번역). 룻은 자기 백성이 사는 모압을 택하지 않고 홀로 된 시어머니를 따라 유다로 가기로 결정했다.

V. 적용과 나눔

삶의 내비게이션(적용)

1 나오미 가족은 기근으로 모압으로 이주했다. 당신은 인생의 기근(가정이나 개인의 어려움 등)으로 결단했던 이주(이사)는 무엇이 있는가?

관찰문제 1번 참고. 나오미 가족은 베들레헴의 기근으로 모압으로 이주했다. 이스라엘에서 모압으로 이주는 오늘날 다른 나라로 이민간 것과 같은 개념이다. 우리도 각자 가정의 어려움이나 개인의 어려움으로 이사나 이민을 고민해 보거나, 실제로 한 경험이 있을 것이다. 이 부분에 대해 서로 이야기해 본다. 진지한 이야기보다 가볍게 과거를 추억하는 시간으로 만들어 본다.

예) 어린 시절에 아버지의 사업 부도로 이사/이민
잘못된 빚 보증으로 이사/이민
아이의 왕따 문제로 이사/이민
새로운 도전을 위한 이사/이민

2 나오미가 가족의 위기에 대처하는 방법은 세 사람이 각자 흩어지는 것이었다. 당신의 가정은 위기 대처 방법과 우선순위에 두는 것은 무엇인가?

관찰문제 3, 4번 참고. 나오미는 남편과 두 아들의 죽음으로 모압에서 살기 어려워지자 다시 베들레헴으로 돌아가려고 한다. 가족의 위기에 나오미가 선택한 방법은 모압의 며느리들에게 자신들의 땅에서 새로운 삶을 살도록 하는 것이었다. 나오미의 선택에 오르바는 자기의 민족과 가족에게 돌아갔지만, 룻은 늙은 나오미의 곁에 남는다. 각자 사건과 사고의 위기에 어떻게 대처했는지 이야기를 나누어 보도록 한다. 사건과 사고는 우리에게 늘 일어날 수 있지만, 그것으로 서로 상처를 주고 관계가 깨어지는 경우가 많다. 어떤 사고나 사건에도 관계는 흔들리지 말아야 한다. 특히 사건과 사고의 해결과 대처에 초점을 맞추기보다 개인 감정과 말로 서로에게 상처를 입히는 경우가 있다. 예를 들면 부부끼리 "이혼해"라든가, 자녀에게 "집 나가"라는 말을 들 수 있다.

각자 위기 대처 방법의 우선순위를 부모에게 두는 경우, 부부에게 두는 경우, 자녀에게 두는 경우를 예를 들 수 있다. 그 외에 권위를 앞세워야 하는 경우, 물질은 꼭 지켜야 하는 경우도 있다.

3 오르바와 룻은 각기 다른 선택을 한다. 그러나 성경은 오르바와 룻의 선택을 평가하지 않는다. 당신은 자신의 생각과 다른 선택/의견에 어떻게 반응하는가?

관찰문제 5번 참고. 성경은 자신의 집과 민족에게로 돌아간 오르바에 대해 어떤 언급도 하지 않는다. 왜냐하면 일반적인 사람이라면 오르바처럼 행동했을 것이다. 각자 나와 다른 선택을 하는 경우, 어떻게 평가하고 대응하는지 이야기를 나누어 보도록 한다. 나와 다른 것을 포용하기도 하지만, 대체로 이해하지 못하고 비난하는 경우가 많다. 다름은 결코 잘못된 것이 아닌데 극단적으로 비판하는 경우가 있다. 우리는 나와 다른 선택도 수용하고 인정하는 아름다운 신앙인으로 성장하기 위해 어떤 것이 필요한지 이야기를 나누어 보도록 한다.

Ⅵ. 마무리

기도로 마무리한다.
제2주 관찰문제를 예습해 오도록 한다.
실천과제를 제시한다.

생활의 아로마(실천)

예 1) 나와 의견이 다른 사람을 이해하도록 한다.
2) 지난날의 위기를 통해 관계를 해치는 말을 조심하도록 한다.

제2주 텅 빈 삶

룻기 1:15-22

학습목표

1. 텅 빈 삶은 곧 하나님의 은혜로 채워지는 예고임을 알 수 있다.

KEYWORD **고난, 낙담, 마라**

Ⅰ. 찬양과 기도

Ⅱ. 지난주 실천과제 나눔

Ⅲ. 복습문제 풀이

복습

1 나오미가 며느리들을 돌려보내며 빌어준 복은 무엇인가?(룻 1:8-9)

a) 여호와께서 너희에게 인애(헤세드)를 베풀기를 빈다.

b) 여호와께서 너희에게 새 남편을 만나 행복한 가정을 이루도록 해주시기를 빈다.

Ⅳ. 말씀 룻기 1:15-22을 다 함께 읽는다

1:15 나오미가 또 이르되 보라 네 동서는 그의 백성과 그의 신들에게로 돌아가나니 너

도 너의 동서를 따라 돌아가라 하니 16 룻이 이르되 내게 어머니를 떠나며 어머니를
따르지 말고 돌아가라 강권하지 마옵소서 어머니께서 가시는 곳에 나도 가고 어머니
께서 머무시는 곳에서 나도 머물겠나이다 어머니의 백성이 나의 백성이 되고 어머니
의 하나님이 나의 하나님이 되시리니 17 어머니께서 죽으시는 곳에서 나도 죽어 거기
묻힐 것이라 만일 내가 죽는 일 외에 어머니를 떠나면 여호와께서 내게 벌을 내리시
고 더 내리시기를 원하나이다 하는지라 18 나오미가 룻이 자기와 함께 가기로 굳게 결
심함을 보고 그에게 말하기를 그치니라 19 이에 그 두 사람이 베들레헴까지 갔더라 베
들레헴에 이를 때에 온 성읍이 그들로 말미암아 떠들며 이르기를 이이가 나오미냐 하
는지라 20 나오미가 그들에게 이르되 나를 나오미라 부르지 말고 나를 마라라 부르라
이는 전능자가 나를 심히 괴롭게 하셨음이니라 21 내가 풍족하게 나갔더니 여호와께서
내게 비어 돌아오게 하셨느니라 여호와께서 나를 징벌하셨고 전능자가 나를 괴롭게
하셨거늘 너희가 어찌 나를 나오미라 부르느냐 하니라 22 나오미가 모압 지방에서 그
의 며느리 모압 여인 룻과 함께 돌아왔는데 그들이 보리 추수 시작할 때에 베들레헴에
이르렀더라

V. 관찰문제의 바른 답

말씀 돋보기(관찰)

1 룻이 자기 민족에게 돌아가지 않은 두 가지 이유는 무엇인가?(룻 1:15)

a) 자신의 신에게 돌아가기 싫어서

b) 시어머니에게 헤세드를 베풀기 위해

Tip 첫째, 룻은 시집온 후로 시댁을 통해 조금씩 여호와를 알게 되었고, 하나님의 헤세드를 수차례 경험했다. 룻은 여호와가 어떤 분이신가를 알고 있었다. 그녀가 그모스와 여호와 사이에서 선택해야 하는 순간에 당연히 여호와를 선택했다. 그녀가 시집온 후로 경험했던 일을 통해 여호와를 따르는 것이 유일하고 합리적인 선택이라고 받아들이게 되었던 것이다.

유대인은 룻이 자기 백성과 가족을 버리고 타국으로 떠난 것을 아브라함이 하나님의 계시를 받고 하란에 있는 가족을 떠나 가나안 땅으로 간 일에 비교했다(cf. 창 12장). 그러나 룻은 아브라함보다 더 큰 모험을 하고 있다고 할 수 있다. 아브라함은 하나님의 계시를 받았지만, 룻은 어떠한 계시도 받지 않은 상황에서 길을 떠났기 때문이다.

둘째, 룻은 자진해서 시어머니 곁에 머물며 그녀를 보살피고자 했다. 룻은 자기 백성이 사는 모압을 택하지 않고 홀로된 시어머니를 따라 유다로 가기로 결정했다.

2 룻은 여호와에 대한 신앙을 어떻게 고백하고 있는가?(룻 1:16)

어머니의 백성이 나의 백성이 되고, 어머니의 하나님이 나의 하나님이 되시리니

Tip 룻은 "어머니의 백성이 나의 백성이 되고, 어머니의 하나님이 나의 하나님이 되시리니"라는 고백으로 주님을 섬기는 여호와의 백성이 되고자 함을 표현한다. 나오미가 룻에게 "네 동서는 그의 백성과 그의 신들에게로 돌아갔다"며 룻에게 친정으로 돌아갈 것을 권면한 상황에서(15절), 이 같은 룻의 대답은 그녀의 결정이 시댁과의 관계뿐만 아니라 신앙적인 결정이었음을 뜻한다.

룻의 결정은 단순히 젊은 남자(장래 남편)을 버리고 늙은 여자(나오미)를 택한 것이 아니라 모압 사람들의 신 그모스를 거부하고, 이스라엘의 하나님 여호와를 택한 것이다. 그러므로 룻의 결정은 종교적인 결정이지, 문화적인 결정은 아니었다.

3 베들레헴에 도착한 나오미는 하나님을 어떻게 생각하고 있는가?(룻 1:20-21)

하나님이 나를 징벌하고 괴롭게 하셨다.

Tip 나오미가 룻을 데리고 베들레헴에 이르자 온 마을이 떠들썩해졌다. 동네 여인들은 10년 전에 떠난 나오미를 젊고 당당했던 '나오미'(환희, 사랑스러움)로 기억하는데, 늙고 고생한 흔적이 역력한 수척해진 '마라'(씁쓸함)

가 되어 돌아와서 쉽게 알아보지 못했다. 나오미는 자신이 텅 비게 된 것을 하나님 탓으로 돌린다(21절). 자신은 전능자 하나님께로부터 '쓴 맛'을 보았으니 '마라'로 불러 달라고 한다. 하나님과 자신의 관계를 생각하면 하나도 '달지 않다'는 것이다. 아파하는 그녀가 마치 신음처럼 고백하는 말이라 본심을 반영하고 있는 건지, 아니면 이 순간 일시적으로 창조주에 대한 서운함을 토로하고 있는지 확실히 알 수는 없다.

4 왜 나오미가 도착했을 때 떠들던 여인들이 나오미의 발언 후에는 아무런 말이 없는가?(룻 1:19-21)

나오미의 슬픔에 동감해서

Tip 베들레헴 공동체는 나오미의 말에 어떤 대답도 하지 않는다(19-21절). 이것은 나오미의 슬픔과 아픔에 동감하는 표현이었다. 또한 하나님께 항변하지도 않는다. 이를 통해 베들레헴 공동체의 성숙성이 드러나고 있다. 힘들고 어려울 때 나오미처럼 소리치며 표현하는 것이 좋다. 그러나 공동체의 다른 일원은 아픈 사람을 정죄하지 말고 묵묵히 기도하고 그 아픔에 함께 동참해 주는 것이 그 공동체를 더욱 든든히 해준다.

5 나오미와 룻이 베들레헴에 도착한 시기는 언제인가?(룻 1:22)

보리추수 시작할 때

Tip 나오미와 룻이 베들레헴에 도착했을 때는 보리추수 시작할 때였다(22절). 추수철은 일 년 중 가장 즐겁고 행복한 때이다. 그러므로 나오미가 베들레헴에 도착했을 때, 추수가 시작되었다는 것은 그녀의 슬픔이 추수철의 큰 기쁨으로 대체될 것을 예고하는 것이다. 나오미는 하나님께 실망했지만, 하나님은 이것까지 챙기시는 하나님이셨다. 그러므로 추수철에 나오미가 베들레헴에 도착한 것은 우연이 아닌 하나님의 적절한 인도였다.

* 가나안에서 보리추수 시기는 오늘날 달력으로 3월 중순에서 4월 중순 사이이다. 가나안 지역에서는 곡식으로 보리와 밀을 재배했는데, 봄이면 밀보다 먼저 익은 보리를 수확하고 이어서 약 2주 후에 보리보다 늦게

익은 밀을 수확하기 시작했다. 율법에 의하면 이스라엘은 보리 수확을 시작하면 첫 곡식단을 하나님께 드렸다(레 23:10).

VI. 적용과 나눔

삶의 내비게이션(적용)

1 당신이 힘들고 어려울 때 주변의 반응 중 가장 위로와 도움이 되었던 것은 무엇인가?

관찰문제 4번 참고. 성숙한 베들레헴 공동체는 나오미의 어려움에 아무 말도 하지 않는다. 때로는 아프고 힘들 때 아무 말도 없이 묵묵히 어깨를 두들겨 주는 것이 더 큰 도움이 된다. "어쩌다 이렇게 되었냐?"고 묻는 사람은 한 번이지만, 대답해야 하는 사람에게는 수십 번도 더 아픔을 말해야 한다. 그러므로 위로와 도움에는 큰 배려가 필요하다. 각자 어려울 때 가장 위로와 도움이 되었던 경험을 나누어 보도록 한다.

2 나오미는 텅 비어 베들레헴에 돌아왔다. 당신이 현재 텅 빈 듯한 느낌을 받는 것은 무엇인가?

관찰문제 5번 참고. 나오미는 다 잃고 텅 비어서 돌아왔다고 고백한다. 각자 나오미처럼 텅 비었다고 생각되는 것을 나누어 보도록 한다. 관계의 단절로 관계가 비었다고 느낄 수 있다. 통장에 잔고가 비어서 물질의 빈곤을 느낄 수 있다. 누군가에게 인정받지 못해서 비었다고 느낄 수 있다. 정성 들여 키운 자녀가 성장해 부모 곁을 떠나 공허하고 빈 마음일 수 있다(빈 둥지 증후군). 각자 현재 빈 자리를 느끼는 것, 비었다고 생각되는 것을 말해 보도록 한다.

3 당신이 앞으로 채우고 싶은 것은 무엇인가?

관찰문제 5번 참고. 나오미는 비었다고 느꼈지만 베들레헴이 추수 때를 맞이한 것처럼 곧 풍성함으로 채워질 것을 기대한다. 우리도 비었지만 채워질 것을 기대하며 앞으로 채우고 싶은 것은 무엇인지 이야기를 나누어 본다. 현재의 어려운 상황에서 좌절할 수 있지만 또한 보이지 않는 하나님의 역사하심을 기대할 수 있는 중요한 순간이기도 하다.
텅 비었을 때가 하나님이 채우실 수 있는 적절한 시기이다.
어려운 가운데서 하나님의 도우심을 발견하며 행복하고 감사하는 시기이다.
가장 힘들지만 비워져야 더 큰 기쁨으로 채워지는 것을 경험할 수 있다.

Ⅶ. 마무리

기도로 마무리한다.
제3주 관찰문제를 예습해 오도록 한다.
실천과제를 제시한다.

생활의 아로마(실천)

예 1) 건강하게 슬픔을 표현한다.
2) 힘들어 하는 사람을 위로해 준다.
– 말은 최대한 줄이고 실용적인 도움으로 돕는다.

제3주 우연인 듯 우연 아닌

롯기 2:1-23

학습목표

1. 우연을 통한 하나님의 인도하심을 알 수 있다.

KEYWORD **성실, 우연, 배려**

Ⅰ. 찬양과 기도

Ⅱ. 지난주 실천과제 나눔

Ⅲ. 복습문제 풀이

복습

1 여호와에 대한 룻의 신앙을 어떻게 표현하고 있는가?(룻 1:16)

어머니의 백성이 나의 백성이 되고, 어머니의 하나님이 나의 하나님이 될 것이다.

Ⅳ. 말씀 룻기 2:1-23을 다 함께 읽는다

2:1 나오미의 남편 엘리멜렉의 친족으로 유력한 자가 있으니 그의 이름은 보아스더라
2 모압 여인 룻이 나오미에게 이르되 원하건대 내가 밭으로 가서 내가 누구에게 은혜

를 입으면 그를 따라서 이삭을 줍겠나이다 하니 나오미가 그에게 이르되 내 딸아 갈지
어다 하매 3 룻이 가서 베는 자를 따라 밭에서 이삭을 줍는데 우연히 엘리멜렉의 친족
보아스에게 속한 밭에 이르렀더라 4 마침 보아스가 베들레헴에서부터 와서 베는 자들
에게 이르되 여호와께서 너희와 함께 하시기를 원하노라 하니 그들이 대답하되 여호
와께서 당신에게 복 주시기를 원하나이다 하니라 5 보아스가 베는 자들을 거느린 사
환에게 이르되 이는 누구의 소녀냐 하니 6 베는 자를 거느린 사환이 대답하여 이르되
이는 나오미와 함께 모압 지방에서 돌아온 모압 소녀인데 7 그의 말이 나로 베는 자를
따라 단 사이에서 이삭을 줍게 하소서 하였고 아침부터 와서는 잠시 집에서 쉰 외에
지금까지 계속하는 중이니이다 8 보아스가 룻에게 이르되 내 딸아 들으라 이삭을 주
우러 다른 밭으로 가지 말며 여기서 떠나지 말고 나의 소녀들과 함께 있으라 9 그들이
베는 밭을 보고 그들을 따르라 내가 그 소년들에게 명령하여 너를 건드리지 말라 하였
느니라 목이 마르거든 그릇에 가서 소년들이 길어 온 것을 마실지니라 하는지라 10 룻
이 엎드려 얼굴을 땅에 대고 절하며 그에게 이르되 나는 이방 여인이거늘 당신이 어
찌하여 내게 은혜를 베푸시며 나를 돌보시나이까 하니 11 보아스가 그에게 대답하여
이르되 네 남편이 죽은 후로 네가 시어머니에게 행한 모든 것과 네 부모와 고국을 떠
나 전에 알지 못하던 백성에게로 온 일이 내게 분명히 알려졌느니라 12 여호와께서 네
가 행한 일에 보답하시기를 원하며 이스라엘의 하나님 여호와께서 그의 날개 아래에
보호를 받으러 온 네게 온전한 상 주시기를 원하노라 하는지라 13 룻이 이르되 내 주
여 내가 당신께 은혜 입기를 원하나이다 나는 당신의 하녀 중의 하나와도 같지 못하
오나 당신이 이 하녀를 위로하시고 마음을 기쁘게 하는 말씀을 하셨나이다 하니라 14
식사할 때에 보아스가 룻에게 이르되 이리로 와서 떡을 먹으며 네 떡 조각을 초에 찍
으라 하므로 룻이 곡식 베는 자 곁에 앉으니 그가 볶은 곡식을 주매 룻이 배불리 먹고
남았더라 15 룻이 이삭을 주우러 일어날 때에 보아스가 자기 소년들에게 명령하여 이
르되 그에게 곡식 단 사이에서 줍게 하고 책망하지 말며 16 또 그를 위하여 곡식 다발
에서 조금씩 뽑아 버려서 그에게 줍게 하고 꾸짖지 말라 하니라 17 룻이 밭에서 저녁
까지 줍고 그 주운 것을 떠니 보리가 한 에바쯤 되는지라 18 그것을 가지고 성읍에 들
어가서 시어머니에게 그 주운 것을 보이고 그가 배불리 먹고 남긴 것을 내어 시어머니
에게 드리매 19 시어머니가 그에게 이르되 오늘 어디서 주웠느냐 어디서 일을 하였느
냐 너를 돌본 자에게 복이 있기를 원하노라 하니 룻이 누구에게서 일했는지를 시어머
니에게 알게 하여 이르되 오늘 일하게 한 사람의 이름은 보아스니이다 하는지라 20 나

오미가 자기 며느리에게 이르되 그가 여호와로부터 복 받기를 원하노라 그가 살아 있
는 자와 죽은 자에게 은혜 베풀기를 그치지 아니하도다 하고 나오미가 또 그에게 이르
되 그 사람은 우리와 가까우니 우리 기업을 무를 자 중의 하나이니라 하니라
21 모압
여인 룻이 이르되 그가 내게 또 이르기를 내 추수를 다 마치기까지 너는 내 소년들에
게 가까이 있으라 하더이다 하니
22 나오미가 며느리 룻에게 이르되 내 딸아 너는 그
의 소녀들과 함께 나가고 다른 밭에서 사람을 만나지 아니하는 것이 좋으니라 하는지
라
23 이에 룻이 보아스의 소녀들에게 가까이 있어서 보리 추수와 밀 추수를 마치기까
지 이삭을 주우며 그의 시어머니와 함께 거주하니라

V. 관찰문제의 바른 답

말씀 돋보기(관찰)

1 룻은 베들레헴에 와서 어떤 일을 시작했고, 어떻게 보아스의 밭에 들어가게 되었는가?(룻 2:2-3)

이삭줍기, 우연히

Tip

룻은 타국에 과부로 와 있는 모압 사람으로 집밖으로 나가는 것이 위험한데도 적극적이고 용감하게 이삭을 주우러 나가겠다고 한다. 그녀가 자신과 시어머니의 생계를 책임져야 하기 때문이다. 룻이 나오미를 집에 두고 홀로 이삭을 주우러 가는 것은 온 가족이 모압으로 피신하기 전에 베들레헴에서 부유하게 살았던 나오미가 이삭을 줍는 수치를 당하지 않게 하려는 배려이다.

시어머니의 허락을 받고 집을 나온 룻은 이곳저곳 추수하는 곳을 찾아다니며 이삭을 주었다(3a절). 그러다가 보아스의 밭에 들어가게 되었다. 룻이 보아스의 밭에 들어간 것은 분명 하나님의 섭리인데, 저자는 '우연히/하다 보니/공교롭게' 된 일이라고 한다(3b절). 우연을 강조하는 것은 이 책을 통해 전하려는 메시지가 보이지 않는 곳에서 역사하시는 하나님을 강조하는데 있기 때문이다.

2 사환들은 이삭을 줍는 룻을 어떻게 평가하고 있는가?(룻 2:6-7)

a) 고마움을 아는 예의 바른 여인이다.

b) 부지런한 여인이다.

c) 성실한 여인이다.

Tip 일꾼들은 보아스에게 룻의 가족관계를 간략하게 설명한 다음 그녀가 어떤 사람인지 세 가지 정보를 통해 알려 준다(7b절).

첫째, 고마움을 아는 예의 바른 여인이다. 밭에 도착하자마자 룻은 일꾼들의 뒤를 따라다니며 이삭을 주울 수 있도록 허락해 달라고 부탁했다. 이삭을 줍는 것은 가난한 자들의 특권이었다. 그럼에도 그녀는 남들이 당연시하는 것을 일꾼들에게 허락을 구하는 태도를 보임으로 기회를 제공하는 사람에게 감사할 줄 아는 사람이었다. 둘째, 부지런한 여인이다. 일꾼은 그녀가 아침 일찍부터 와서 일했다고 한다. 셋째, 성실한 여인이다. 일꾼은 룻이 아침 일찍부터 이때까지 거의 쉬지 않고 꾸준히 이삭 줍는 일을 했다고 한다.

3 보아스는 어떻게 룻을 배려(헤세드)했는가?(룻 2:8-9)

a) 이삭을 주우러 다른 밭에 가지 말라.

b) 그의 소녀들과 함께 있으라.

c) 자기 추수꾼들의 뒤를 바짝 따르라.

d) 그들(이삭을 줍는 소녀들)을 따르라.

e) 자기 일꾼들이 룻을 건들지 못하도록 지시했다.

f) 목마르면 일꾼들이 길어온 물을 마시라.

Tip 일꾼의 보고를 받은 보아스가 룻을 불러 격려하며 배려했다.

첫째, 보아스는 룻이 자기 밭에서만 주워도 충분한 식량을 얻을 것이니 자기 밭에서만 이삭을 줍도록 했다. 이 권면은 자기 밭은 그의 소관이니 룻에게 어떠한 일도 일어나지 않도록 보호해 주겠다는 의미이다. 둘째, 보아스는 룻이 홀로 낯선 곳에서 이삭을 줍다 보면 해를 당할 수도 있는데, 보아스의 여종들과 함께 있으면 보호를 받을 수 있기에 소녀들과 함께 있으라고 한다. 셋째, 나중에 보아스가 일꾼들에게 일부러 이삭을 그녀 앞에 뿌려두도록 지시하는 것을 보면(16절), 룻이 그 누구보다도 많은 이삭을 줍도록 하는 배려이다. 넷째, 보아스는 룻에게 그들(이삭을 줍는 소녀들)을 따르라고 한다. 홀로 이삭을 줍는 것보다는 다른 여자들과 함께 일하면 그만큼 일하는 것이 외롭지 않고 즐거워질 것이기 때문이다. 다섯째, 보아스는 힘이 없는 가난한 이방인이라는 이유로 룻이 큰 해를 당할 수 있는 상황에서 가해자가 될 수 있는 사람들을 미리 단속시킨 것이다. 여섯째, 뙤약볕에서 일하다 보면 당연히 갈증이 나서 물이 많이 필요한데, 룻은 이제 집에서 물을 챙겨올 필요가 없게 된 것이다. 역시 특별한 배려이다.

4 보아스가 룻을 배려한 이유는 무엇인가?(룻 2:11-13)

룻의 시어머니에 대한 헌신과 낯선 땅까지 온 그녀의 용기를 높이 평가해서

Tip 보아스는 룻의 시어머니에 대한 헌신과 낯선 땅까지 온 그녀의 용기를 높이 평가한다. 보아스는 룻이 남편이 죽은 후에도 시어머니를 어떻게 헌신적으로 대했으며, 홀로된 시어머니를 위해 희생을 각오하고 이스라엘까지 온 일을 잘 알고 있다며 위로했다(11절). 보아스가 룻을 처음 보았지만, 이미 그녀의 미담은 베들레헴 공동체에 두루 알려졌기에 소문을 듣고 알고 있었다.

보아스는 모압 여인 룻이 모압 신 그모스가 아니라 전능하신 이스라엘 하나님 여호와의 날개 아래 있다는 사실도 상기해 주었다. 보아스는 룻이 이해할 수 있는 일상 속의 비유를 통해 비록 그녀가 힘없고 연약한 '새끼 새'와 같지만, 그녀를 보호하고 있는 '어미새' 같은 하나님의 날개가 있기에 꼭 주님의 보호를 받을 것이라며 축복한다.

5 룻이 종일 보아스의 밭에서 일하며 주운 보리의 양은 얼마이며, 의미하는 바는 무엇인가?(룻 2:17)

한 에바

보아스의 헤세드와 룻이 열심히 일했다는 증거

Tip 룻이 아침부터 열심히 일해 얻은 곡식을 터니 한 에바나 되었다. 한 에바는 22ℓ로 계산하지만 시대에 따라 어느 정도 차이는 있다. 당시 하루에 필요한 양식을 계산할 때 한 사람당 1ℓ의 보리를 기준으로 삼았다. 그러므로 룻이 이날 가져온 22ℓ의 곡식은 두 여인이 5–7일 정도 먹을 수 있는 양식이다. 고대 바빌론에서 품을 파는 노동자들에게 하루에 1–2ℓ의 보리를 품삯으로 주었다고 한다. 이 같은 정황으로 볼 때 룻은 이날 한 사람이 1/2개월치 먹을 분량의 양식을 얻었다. 그녀가 집으로 가져온 한 에바는 매우 많은 양으로, 보아스의 지시에 따라 일꾼들이 일부러 그녀 앞에 이삭을 뿌려주지 않았다면 불가능한 일이었다. 그러므로 그녀가 한 에바를 가지고 집에 돌아왔다는 것은 보아스가 행한 헤세드의 증거이며, 룻이 얼마나 열심히 일을 했는가를 보여주는 것이다.

Ⅵ. 적용과 나눔

삶의 내비게이션(적용)

1 '우연'이라고 생각했는데 돌아보니 '하나님의 인도하심'이었던 것은 무엇인가?

관찰문제 1번 참고. 성경은 룻이 보아스의 밭에 들어간 것을 우연이라고 표현한다. 그러나 그 안에는 보이지 않는 하나님의 인도하심이 함께하고 있다. 우리도 돌아보면 '우연히' 된 일(만남)이라고 생각했는데 하나님의 인도하심이라고 기억되는 사건들이 있을 것이다. 아주 소소한 것에서도 우연을 가장한 하나님의 도우심을 만날 수 있다. 그것을 찾고 함께 나누는 시간을 갖도록 한다.

인도자는 '우연히'를 묵상하고 하나님께 감사하는 시간을 갖도록 인도한다.

2 일꾼들은 룻을 감사할 줄 알고, 부지런하고, 성실한 여인으로 평가하고 있다. 당신은 셋 중에 어느 부분이 가장 부족한가?

관찰문제 2번 참고. 일꾼들이 룻을 평가하는 것을 보면 룻의 행동에 기준을 두고 있다. 룻의 감사를 표현할 줄 아는 행동과 아침부터 일찍 나와 일하는 부지런함과 거의 쉬지 않고 일하는 성실함은 행동을 통해서 표출된다. 각자 세 가지 중에 어느 부분을 잘하는지, 어느 부분이 부족한지 이야기를 나누어 보도록 한다. 자신을 돌아보고, 타인에게 나는 어떻게 평가되고 있는가 이야기를 나누어 본다. 룻과 같은 평가를 받기 위해 분발해야 하는 부분도 말해 보도록 한다.

3 룻이 많은 양의 곡식을 갖고 집으로 돌아온 것은 보아스의 도움도 있지만 열심히 일했기 때문이다. 당신의 삶에서 앞으로 열심히 노력해야 하는 영역은 무엇인가?

관찰문제 5번 참고. 룻이 하루 동안 일한 한 에바는 약 22ℓ로 두 여인이 하루 세끼 5-7일 정도 먹을 수 있는 분량의 곡식이다. 만일 혼자 먹는다면 15일 정도 먹을 수 있는 분량이다. 오늘날 하루 아르바이트를 해서 2주일을 보낼 수 있는 생활비를 번 것이다. 이것은 보아스의 도움도 있었지만 룻의 열심이 없었다면 불가능한 일이다. 각자 룻과 같이 열심히 일해야 하는 것은 무엇이 있는지 이야기를 나누어 보도록 한다.

예) 회사일, 취업, 시험, 자격증, 결혼, 사랑, 교회사역 등

Ⅶ. 마무리

기도로 마무리한다.
제4주 관찰문제를 예습해 오도록 한다.
실천과제를 제시한다.

생활의 아로마(실천)

예 1) 룻에 대한 평가인 감사, 성실, 부지런함 중에서 취약한 부분을 찾고 열심을 내보도록 한다.

2) 남에게 우연히 베풀도록 한다.
- 우연히 생각나서 전화했어.
- 마음의 감동을 따라 하나님의 도구로 쓰임 받도록 한다.

제4주 청혼의 밤

룻기 3:1–18

학습목표

1. 헤세드의 바른 의미를 알 수 있다.

KEYWORD **존중, 기대, 결단**

Ⅰ. 찬양과 기도

Ⅱ. 지난주 실천과제 나눔

Ⅲ. 복습문제 풀이

복습

1 사환들은 이삭을 줍는 룻을 어떻게 평가하고 있는가?(룻 2:6–7)

a) 고마움을 아는 예의 바른 여인이다.

b) 부지런한 여인이다.

c) 성실한 여인이다.

Ⅳ. 말씀 룻기 3:1–18을 다 함께 읽는다

3:1 룻의 시어머니 나오미가 그에게 이르되 내 딸아 내가 너를 위하여 안식할 곳을 구

하여 너를 복되게 하여야 하지 않겠느냐 [2] 네가 함께 하던 하녀들을 둔 보아스는 우리
의 친족이 아니냐 보라 그가 오늘 밤에 타작 마당에서 보리를 까불리라 [3] 그런즉 너는
목욕하고 기름을 바르고 의복을 입고 타작 마당에 내려가서 그 사람이 먹고 마시기를
다 하기까지는 그에게 보이지 말고 [4] 그가 누울 때에 너는 그가 눕는 곳을 알았다가
들어가서 그의 발치 이불을 들고 거기 누우라 그가 네 할 일을 네게 알게 하리라 하니
[5] 룻이 시어머니에게 이르되 어머니의 말씀대로 내가 다 행하리이다 하니라 [6] 그가 타
작 마당으로 내려가서 시어머니의 명령대로 다 하니라 [7] 보아스가 먹고 마시고 마음
이 즐거워 가서 곡식 단 더미의 끝에 눕는지라 룻이 가만히 가서 그의 발치 이불을 들
고 거기 누웠더라 [8] 밤중에 그가 놀라 몸을 돌이켜 본즉 한 여인이 자기 발치에 누워
있는지라 [9] 이르되 네가 누구냐 하니 대답하되 나는 당신의 여종 룻이오니 당신의 옷
자락을 펴 당신의 여종을 덮으소서 이는 당신이 기업을 무를 자가 됨이니이다 하니 [10]
그가 이르되 내 딸아 여호와께서 네게 복 주시기를 원하노라 네가 가난하건 부하건 젊
은 자를 따르지 아니하였으니 네가 베푼 인애가 처음보다 나중이 더하도다 [11] 그리고
이제 내 딸아 두려워하지 말라 내가 네 말대로 네게 다 행하리라 네가 현숙한 여자인
줄을 나의 성읍 백성이 다 아느니라 [12] 참으로 나는 기업을 무를 자이나 기업 무를 자
로서 나보다 더 가까운 사람이 있으니 [13] 이 밤에 여기서 머무르라 아침에 그가 기업
무를 자의 책임을 네게 이행하려 하면 좋으니 그가 그 기업 무를 자의 책임을 행할 것
이니라 만일 그가 기업 무를 자의 책임을 네게 이행하기를 기뻐하지 아니하면 여호와
께서 살아 계심을 두고 맹세하노니 내가 기업 무를 자의 책임을 네게 이행하리라 아침
까지 누워 있을지니라 하는지라 [14] 룻이 새벽까지 그의 발치에 누웠다가 사람이 서로
알아보기 어려울 때에 일어났으니 보아스가 말하기를 여인이 타작 마당에 들어온 것
을 사람이 알지 못하여야 할 것이라 하였음이라 [15] 보아스가 이르되 네 겉옷을 가져다
가 그것을 펴서 잡으라 하매 그것을 펴서 잡으니 보리를 여섯 번 되어 룻에게 지워 주
고 성읍으로 들어가니라 [16] 룻이 시어머니에게 가니 그가 이르되 내 딸아 어떻게 되었
느냐 하니 룻이 그 사람이 자기에게 행한 것을 다 알리고 [17] 이르되 그가 내게 이 보리
를 여섯 번 되어 주며 이르기를 빈 손으로 네 시어머니에게 가지 말라 하더이다 하니
라 [18] 이에 시어머니가 이르되 내 딸아 이 사건이 어떻게 될지 알기까지 앉아 있으라
그 사람이 오늘 이 일을 성취하기 전에는 쉬지 아니하리라 하니라

말씀 돋보기(관찰)

1 나오미가 룻에게 보아스를 만나러 가기 위해 준비시킨 것은 무엇인가?(룻 3:3)

a) 목욕하고

b) 기름을 바르고

c) 고운 옷을 입으라

Tip 나오미는 룻에게 보아스를 만나러 가기 위해 '목욕하고', '향수를 바르고', '고운 옷을 입는' 등 세 가지를 하라고 한다(3a절). 고대 사회에서 물로 씻고, 기름을 바르고, 향수를 뿌리고, 좋은 옷을 입는 것은 애곡하는 기간이 지났음을 상징하거나(cf. 삼하 12:20), 결혼식을 위해 신부를 준비시키는 절차이다(cf. 겔 16:9). 학자들은 룻이 이 일을 통해 과부인 그녀가 남편의 죽음을 애곡하는 기간을 끝내고 과부의 옷을 벗음으로써 그동안 배제했던 결혼의 가능성에 마음을 여는 정상적인 생활로 돌아왔다고 해석하기도 한다.

2 나오미가 계획하고, 룻이 실천할 것은 무엇인가?(룻 3:1-4)

룻에게 보아스의 타작마당에 사람들이 잠자리에 들 때까지 숨어있다가 보아스의 잠자리를 눈여겨 보라고 한다. 그리고 모두 잠들면 몰래 보아스를 찾아가 그의 발치를 들치고 누우라고 한다.

Tip 나오미는 룻에게 '안식할 곳'을 찾아주는 계획을 갖고 있다. '안식할 곳'은 평안과 여유로움을 즐길 수 있는 장소를 뜻하며, 고대 이스라엘 사회에서 여자가 이런 곳을 즐길 수 있는 유일한 길은 결혼이었다. 나오미는 룻에게 남편을 찾아주고자 한 것이다. 먼저 룻의 헤세드를 받은 나오미가 이제는 며느리를 결혼시켜 헤세드를 베풀고자 한다.

나오미는 룻에게 보아스의 타작마당에 사람들이 잠자리에 들 때까지 숨어있다가 보아스의 잠자리를 눈여겨보라고 한다. 그리고 모두 잠들면 몰래 보아스를 찾아가 그의 발치 이불을 들치고 누우라고 한다(3b-4절). 보아스의 발치 이불을 들치고 눕는 것은 옆에 누우라는 의미로 마치 남편 옆에 눕는 아내처럼 행하라는 것이다.

3 보아스의 "네가 누구냐?"라는 물음에 룻의 대답은 무엇이며, 그렇게 대답한 이유는 무엇인가?(룻 3:9)

당신의 여종 룻이오니, 당신의 옷자락을 펴 당신의 여종을 덮으소서.
룻은 보아스에게 결혼해 달라고 청혼하는 것이다.

Tip 룻은 당당하게 자신을 밝힌 다음 "당신의 옷자락을 펴 당신의 여종을 덮으소서"라고 말했다(9a절). '옷자락을 펴서 덮다'는 결혼식에서 신랑이 신부의 머리를 옷[면사포]으로 덮어주는 행위의 변형이다. 그러므로 룻은 지금 보아스에게 결혼해 달라고 청혼하고 있는 것이다.
룻이 보아스와 결혼하고자 하는 이유를 "이는 당신이 기업을 무를 자가 되니이다"(9b절)라고 밝히고 있다. 룻이 보아스에게 청혼하는 것은 그가 유력한 사람이어서 재력이나 영향력의 덕을 보려는 것이 아니라, 오직 죽은 남편의 집안 이름과 명예를 유지하고자 하는 목적임을 분명히 하고 있다.
*기업을 무를 자- 망자의 재산 보존과 가계를 보존해줄 친족
자식을 두지 않고 죽은 자의 재산(땅)이 다른 자의 소유로 넘어갔을 때, 친척 중에서 가장 가까운 순으로 우선권을 갖고 그 땅을 사서 망자의 가문을 세워주는 것을 말한다.

4 보아스는 룻의 청혼을 어떻게 평가하고 반응했는가?(룻 3:10-11)

a) 평가: 룻을 현숙한 여인으로 평가
b) 반응: 헤세드를 베풀었다고 함

Tip 보아스는 룻이 자기와 결혼하겠다고 나선 것을 '헤세드'(인애)라고 한다

(10절). 헤세드는 베풀지 않아도 되는 사랑과 자비를 솔선수범해 베푸는 것을 뜻한다. 보아스가 룻에게 감동한 것은 그녀가 얼마든지 젊은 사람과 결혼할 수 있는데도 굳이 늙은 자기와 결혼해서 집안을 살리겠다는 의지를 보였기 때문이다. 룻이 사랑 혹은 돈을 위해 결혼할 수도 있었는데, 시어머니와 죽은 남편 집안을 위해 보아스와 결혼하고자 하는 사실을 인정한 것이다.

보아스는 온 동네가 룻이 현숙한 여인이라는 사실을 알고 있다는 말로 그녀를 위로한다. '현숙한 여인'은 히브리어 성경에서 룻기 바로 앞에 등장하는 잠언의 마지막 부분(잠 31:10-31)에서 사용한 표현이며, 이 표현을 통해 유대인은 잠언의 마지막 노래와 룻기를 연결하고자 했다. 잠언이 노래하는 현숙한 여인의 실제적이고 역사적인 예가 다름 아닌 룻이라는 것이다.

5 룻의 보고를 받은 나오미의 조언은 무엇인가?(룻 3:18)

이 사건이 어떻게 될 지 알기까지 앉아 있으라

Tip 룻의 이야기를 들은 나오미는 "이 사건이 어떻게 될지 알기까지 앉아 있으라"고 한다. 나오미와 룻은 할 수 있는 최선을 다했다. 이제 할 수 있는 일은 아무것도 없다. 인간의 노력이 최선으로 다해진 그 다음은 어떻게 될지 알기까지 믿음으로 기다리는 것이다.

Ⅵ. 적용과 나눔

삶의 내비게이션(적용)

1 당신은 누군가 만나기 위해 준비를 가장 많이 한 때는 언제였으며, 어떤 만남이었는가?

관찰문제 1번 참고. 룻은 보아스를 만나러 가기 전에 목욕을 하고, 향수를 바르고, 고운 옷을 입는 준비과정을 마치고 보아스가 있는 타작마당으로 향한다. 누구에게도 보여서는 안되지만 오직 보아스만을 위한 준비과정이었다. 우리도 누군가 만나기 위해 공을 들여 준비했던 기억이 있을 것이다. 목욕을 하고, 미용실(이발소)을 가고, 안 뿌리던 향수를 뿌리고, 옷을 몇 차례 고민하면서 고른 경험을 서로 나누어 보도록 한다.

예) 사랑하는 사람을 위해, 면접을 보러 가기 위해, 어른들에게 인사드리러 가기 위해 가장 준비를 많이 한 때는 언제였고, 어떤 만남이었는지 이야기를 나누어 본다.

2 현재 당신은 최선의 노력과 기다림 중에 어떤 상황에 처해 있는가?

관찰문제 5번 참고. 룻은 보아스와의 만남에 최선을 다했고, 이제는 나오미의 조언대로 기다리는 일만 남았다. 각자 지금 최선을 다해 노력하는 것은 무엇이 있는지 나누어 보도록 한다. 그리고 최선을 다한 후 결과를 기다리는 중이라면 그것도 이야기를 나누어 보도록 한다. 사람에 따라 노력 중인 사람, 기다리는 중인 사람도 있을 것이다. 인도자는 두 가지 상황 중 어디에 처해 있는지를 알고 이야기를 나누도록 인도한다. 우리의 최선과 하나님의 인도하심을 기다리는 믿음의 균형을 통해 하나님의 역사를 체험할 수 있다.

3 잠언이 말하는 현숙한 여인의 가장 기본 성향은 헤세드를 베푸는 것이다. '헤세드'는 베풀지 않아도 되는데 사랑과 자비를 솔선수범해 베푸는 것이다. 당신은 현숙한 여인/유력한 남자가 되기 위해 무엇을 실천해야 한다고생각하는가?

관찰문제 4번 참고. 유대인은 잠언의 마지막 노래와 룻기를 연결해 잠언이 노래하는 현숙한 여인의 실제적이고 역사적인 예가 룻이라고 한다. 룻과 보아스의 공통점은 베푸는 자라는 것이다. 룻이 죽은 남편의 집안과 홀로된 시어머니를 위해 베푼 사랑이 바로 헤세드다. 룻은 베풀지 않아도 될 사랑과 배려를 베푼 것이다. 보아스 역시 룻이 기업 무를 자의 권한을 행사하라고 찾아왔을 때 권한 행사를 거부할 수도 있었다. 그러나 보아스는 자신이 하지 않아도 되는 큰 경제적 손실을 감수하면서까지 헤세드를 베푼다. 각자 현숙한 여인과 유력한 남자가 되기 위해 실천해야 하는 것은 무엇이 있는지 이야기를 나누어 보도록 한다. 성경의 현숙한 여인 룻과 유력한 남자 보아스는 베푸는 사람들이었다. 우리도 더 많이 베풀고, 더 자비롭기 위해 실천해야 하는 부분, 노력해야 하는 것을 나누어 보도록 한다.

Ⅶ. 마무리

기도로 마무리한다.
제5주 관찰문제를 예습해 오도록 한다.
실천과제를 제시한다.

생활의 아로마(실천)

예 1) 최선을 다해야 하는 것은 무엇인지 체크하고 최선을 다하도록 한다.
2) 기다림을 잘 견디도록 한다.
3) 더 많이 베풀도록 한다.

제5주 헤세드의 나비 효과

룻기 4:1-22

학습목표

1. 헤세드는 개인뿐만 아니라 민족에게까지 영향을 미칠 수 있다.

KEYWORD **헤세드, 다윗, 채워짐**

Ⅰ. 찬양과 기도

Ⅱ. 지난주 실천과제 나눔

Ⅲ. 복습문제 풀이

복습

1 보아스의 "네가 누구냐?"라는 물음에 룻의 대답은 무엇이며, 그렇게 대답한 이유는 무엇인가?(룻 3:9)

당신의 여종 룻이오니, 당신의 옷자락을 펴 당신의 여종을 덮으소서.
룻은 보아스에게 결혼해 달라고 청혼하는 것이다.

2 보아스는 룻의 청혼을 어떻게 평가하고 반응했는가?(룻 3:10-11)

a) 평가: 룻을 현숙한 여인으로 평가

b) 반응: 헤세드를 베풀었다고 함

Ⅳ. 말씀 룻기 4:1-22을 다 함께 읽는다

4:1 보아스가 성문으로 올라가서 거기 앉아 있더니 마침 보아스가 말하던 기업 무를 자
가 지나가는지라 보아스가 그에게 이르되 아무개여 이리로 와서 앉으라 하니 그가 와
서 앉으매 2 보아스가 그 성읍 장로 열 명을 청하여 이르되 당신들은 여기 앉으라 하
니 그들이 앉으매 3 보아스가 그 기업 무를 자에게 이르되 모압 지방에서 돌아온 나오
미가 우리 형제 엘리멜렉의 소유지를 팔려 하므로 4 내가 여기 앉은 이들과 내 백성
의 장로들 앞에서 그것을 사라고 네게 말하여 알게 하려 하였노라 만일 네가 무르려
면 무르려니와 만일 네가 무르지 아니하려거든 내게 고하여 알게 하라 네 다음은 나요
그 외에는 무를 자가 없느니라 하니 그가 이르되 내가 무르리라 하는지라 5 보아스가
이르되 네가 나오미의 손에서 그 밭을 사는 날에 곧 죽은 자의 아내 모압 여인 룻에게
서 사서 그 죽은 자의 기업을 그의 이름으로 세워야 할지니라 하니 6 그 기업 무를 자
가 이르되 나는 내 기업에 손해가 있을까 하여 나를 위하여 무르지 못하노니 내가 무
를 것을 네가 무르라 나는 무르지 못하겠노라 하는지라 7 옛적 이스라엘 중에는 모든
것을 무르거나 교환하는 일을 확정하기 위하여 사람이 그의 신을 벗어 그의 이웃에게
주더니 이것이 이스라엘 중에 증명하는 전례가 된지라 8 이에 그 기업 무를 자가 보아
스에게 이르되 네가 너를 위하여 사라 하고 그의 신을 벗는지라 9 보아스가 장로들과
모든 백성에게 이르되 내가 엘리멜렉과 기룐과 말론에게 있던 모든 것을 나오미의 손
에서 산 일에 너희가 오늘 증인이 되었고 10 또 말론의 아내 모압 여인 룻을 사서 나
의 아내로 맞이하고 그 죽은 자의 기업을 그의 이름으로 세워 그의 이름이 그의 형제
중과 그 곳 성문에서 끊어지지 아니하게 함에 너희가 오늘 증인이 되었느니라 하니 11
성문에 있는 모든 백성과 장로들이 이르되 우리가 증인이 되나니 여호와께서 네 집에
들어가는 여인으로 이스라엘의 집을 세운 라헬과 레아 두 사람과 같게 하시고 네가 에
브랏에서 유력하고 베들레헴에서 유명하게 하시기를 원하며 12 여호와께서 이 젊은 여
자로 말미암아 네게 상속자를 주사 네 집이 다말이 유다에게 낳아준 베레스의 집과 같
게 하시기를 원하노라 하니라 13 이에 보아스가 룻을 맞이하여 아내로 삼고 그에게 들
어갔더니 여호와께서 그에게 임신하게 하시므로 그가 아들을 낳은지라 14 여인들이 나
오미에게 이르되 찬송할지로다 여호와께서 오늘 네게 기업 무를 자가 없게 하지 아니
하셨도다 이 아이의 이름이 이스라엘 중에 유명하게 되기를 원하노라 15 이는 네 생명
의 회복자이며 네 노년의 봉양자라 곧 너를 사랑하며 일곱 아들보다 귀한 네 며느리가

낳은 자로다 하니라 16 나오미가 아기를 받아 품에 품고 그의 양육자가 되니 17 그의
이웃 여인들이 그에게 이름을 지어 주되 나오미에게 아들이 태어났다 하여 그의 이름
을 오벳이라 하였는데 그는 다윗의 아버지인 이새의 아버지였더라 18 베레스의 계보는
이러하니라 베레스는 헤스론을 낳고 19 헤스론은 람을 낳았고 람은 암미나답을 낳았고
20 암미나답은 나손을 낳았고 나손은 살몬을 낳았고 21 살몬은 보아스를 낳았고 보아
스는 오벳을 낳았고 22 오벳은 이새를 낳고 이새는 다윗을 낳았더라

V. 관찰문제의 바른 답

말씀 돋보기(관찰)

1 보아스가 법적으로 엘리멜렉의 기업을 무를 자가 되기 위해 충족시켜야 할 조건은 무엇인가?(룻 4:1-2)

a) 장소: 성문에서

b) 우선권자: 기업 무를 자 – 아무개

c) 증인: 장로 10인

Tip 성에 입성한 보아스는 곧바로 성문으로 올라가 앉았다. 당시 문화에서 성문 주변은 성의 모든 일상적인 일(물건 판매, 재판 등)이 진행되는 곳이었다. 보아스가 이곳에 앉아 있다는 것은 어떤 법적인 절차/소송을 계획하고 있음을 의미한다.

성문에서 보아스는 기업을 무를 자/아무개를 만나 그를 불러 옆에 앉힌 후에 성읍의 원로 10명의 장로를 불렀다.

2 우선권을 가지고 있는 아무개(기업 무를 자)가 땅을 사겠다는 의지를 번복한 이유는 무엇인가?(룻 4:4-6)

모압 여인을 아내로 맞아들여야 하기 때문에

Tip 보아스와 아무개가 장로 10명을 앉혀 놓고(2절) 법적인 절차를 시작한다.

보아스의 요청에 아무개는 땅을 사겠다고 했으나, 땅을 사면 죽은 사람(말론)의 아내인 모압 여인 룻도 아내로 맞아들여야 한다(5절)는 말에 자신에게 손해가 된다고 생각해 기업 무르는 책임을 포기한다(6절). 그는 룻과 나오미에 대한 도덕적 책임보다 자기 잇속을 먼저 계산하고 앞세우는 사람이었다. 이기적인 아무개는 친족의 이름을 보존하는 자비를 베풀기를 거부했다. 그러므로 아무개는 이름이 없다. 그의 이름이 기록되지 않은 것은 심판을 의미한다.

3 아무개가 자신의 의지를 분명히 표현하기 위해 행한 일은 무엇인가?(룻 4:8)

자기 신발을 한 짝 벗어서 보아스에게 주었다.

Tip

아무개는 자신의 의지를 분명히 하기 위해 자기 신발을 한 짝 벗어서 보아스에게 주었다(8절). 옛적에 유산 매매나 물물교환과 같은 일을 법적으로 분명히 할 때에는 이처럼 한쪽 사람이 다른 쪽 사람에게 자기 신발을 벗어주는 풍습이 있었고, 벗어준 신발은 이 같은 사실을 확인해 주는 법적 증거가 되었다(7절).

*신발을 벗는 일

구약에서, '발' 혹은 '신발'은 권력, 소유권, 주권을 상징(cf. 수 10:24; 시 8:6)

모세가 하나님의 산에서 신발을 벗었을 때, 여호와의 주권을 인정(출 3:5; cf. 수 5:15)

압살롬의 반역으로 다윗이 맨발로 피난길에 올랐을 때, 무능함과 수치를 표현(삼하 15:30; cf. 사 20:2–4; 겔 24:17, 23)

누지에서, 땅을 사고 팔 때 파는 사람이 땅에서 발을 떼고 새 주인이 그 땅을 밟는 의식을 행함

4 모든 백성과 장로들은 보아스의 결단에 어떻게 축복했는가?(룻 4:11–12)

a) 여호와께서 그의 집으로 들어가는 여인을 라헬과 레아를 축복하신 것같이

축복하실 것이다.

b) 하나님이 보아스를 에브랏에서 유력하게 하시고 베들레헴에서 유명하게 하시기를 빌었다.

c) 보아스의 집안이 룻으로 인해 다말이 유다에 낳아 준 베레스의 집안과 같게 하실 것을 빌었다.

Tip 보아스가 엘리멜렉 일가의 기업을 무르고 룻과 결혼해 그 집안의 이름이 끊기지 않게 하겠다고 선언하자 법원을 구성하던 모든 장로와 주변에 모여 지켜보던 사람들은 일제히 이 일의 증인이라며 보아스를 축복했다. 보아스가 제기한 법적 절차의 증인들은 세 가지로 보아스를 축복했다.
첫째, 여호와께서 그의 집으로 들어가는 여인을 라헬과 레아를 축복하신 것같이 축복하실 것이다. 둘째, 하나님이 보아스를 에브랏에서 유력하게 하시고 베들레헴에서 유명하게 하시기를 빌었다. 셋째, 보아스의 집안이 룻으로 인해 다말이 유다에 낳아 준 베레스의 집안과 같게 하실 것을 빌었다(cf. 창 38장).

5 헤세드의 결정판인 두 사람의 결혼은 이스라엘 역사에 어떤 영향을 미쳤는가?(룻 4:22)

이스라엘 최고의 왕 다윗의 할아버지 오벳을 낳았다.

Tip 헤세드의 결정판인 보아스와 룻이 결혼해 낳은 아이 오벳은 이새의 아버지가 되고, 다윗의 할아버지가 된다. 다윗은 이스라엘 역사의 최고의 왕이며, 메시아의 오심을 내포하는 왕이다.
여인들이 아이에게 지어준 이름 '오벳'은 '섬김, 섬기는 자'라는 뜻이다. 늙은 나오미를 잘 섬겨 줄 것을 기대하며 지어준 이름이다. 하나님 은혜로 태어났으니, 평생 주님을 섬기라는 취지도 포함된 이름이다. 또한 이스라엘을 이끌어 갈 최고의 왕 다윗의 탄생에 기여함으로 이스라엘을 섬기는 자가 되기도 했다. 한 가지 특이점은 원래 아이의 이름은 주로 아버지 혹은 어머니가 지어주는데, 여기에서는 동네 여인들이 지어준다는 것이다.

삶의 내비게이션(적용)

1 당신이 정말 도움이 필요해서 도움을 청했는데 거부당한 경험과 반대로 전혀 예측하지 않았는데 도움받은 경험에는 무엇이 있는가?

관찰문제 2번 참고. 우선권을 가지고 있는 아무개는 모압 여인을 아내로 맞이해야 하는 이유로 기업 무르는 책임을 포기한다. 결과적으로 보아스에겐 잘된 일이지만 친족에게조차 자비 베풀기를 거부하는 아무개는 참 도덕적 책임보다 자신의 잇속만 챙기는 사람이었다. 각자 도움이 필요해서 도움을 청했는데 거부당했던 경험을 나누어 보도록 한다. 취직을 부탁하거나 보증을 부탁했다가 거부당한 경험이 있을 수 있다. 반대로 생각지 못한 곳에서 도움을 받을 수 있다. 그 경험 또한 나누어 보도록 한다.

2 베들레헴의 여인들은 나오미가 힘들 때는 묵묵히 맞이해 주었고, 오벳의 출생에는 큰소리로 기뻐했다. 당신은 타인의 아픔과 기쁨에 어떻게 반응하고 있는가?

관찰문제 5번 참고. 베들레헴 공동체는 나오미의 아픔에 함께 아파해주고, 기쁨에 함께 기뻐해 주는 성숙한 공동체였다. 각자 타인의 아픔과 기쁨에 어떻게 반응하고 있는지 나누어 보도록 한다. 때로는 타인의 아픔에 기뻐하고, 기쁨에 배 아파할 수 있다. 어떨 때 그런지 말해 보자. 베들레헴 공동체처럼 우리 공동체를 성숙한 크리스천 공동체로 만들기 위해 필요한 것은 무엇인지도 서로 이야기를 나누어 보도록 한다.

3 성경은 친족에게 자비를 베풀 줄 모르는 자의 이름을 아무개로 처리한다. 이 사람은 자비로운 보아스와 대조를 이룬다. 당신이 누군가에게 특별한 사람으로 기억되기 위해 꼭 노력할 부분은 무엇인가?

관찰문제 2번, 3번 참고. 성경에서 아무개로 기록되는 것은 심판으로 볼 수 있다. 기억되고 기억되지 않는 차이는 그들의 '헤세드'에 있다. 우리도 누군가에게 아무개로 기억되거나 특별한 사람으로 기억될 것이다. 또 누군가를 특별하게 기억하기도 한다. 각자 특별하게 기억되는 사람은 누구인지 이야기를 나누어 본다. 그 사람의 어떤 부분이 특별하게 기억되는지도 말해 보도록 한다. 그리고 내가 특별한 사람으로 기억되기 위해 노력할 부분은 무엇인지 나누어 보도록 한다.

Ⅶ. 마무리

기도로 마무리한다.
에스더 서론을 읽어오도록 한다.
제6주 관찰문제를 예습해 오도록 한다.
실천과제를 제시한다.

생활의 아로마(실천)

예 1) 많은 돈을 들이지 않고 친절을 베풀도록 한다.
- 헤세드가 필요한 사람을 찾아보고 베풀기

제6주 허세 커플

에스더 1:1-22

학습목표

1. 괜한 허세는 자신의 허물로 돌아올 수 있다는 사실을 알 수 있다.

KEYWORD **허세, 고집, 권력남용**

Ⅰ. 찬양과 기도

Ⅱ. 지난주 실천과제 나눔

Ⅲ. 복습문제 풀이

복습

1 헤세드의 결정판인 룻과 보아스의 결혼은 이스라엘 역사에 어떤 영향을 미쳤는가?(룻 4:22)

이스라엘 최고의 왕 다윗의 할아버지 오벳을 낳았다.

2 에스더 서론을 읽고 가장 기억에 남는 것은 무엇인가?

에스더, 저자와 연대, 저작 목적, 역사적 정황, 신학적 이슈와 메시지 중에서 이야기하도록 한다.

Ⅳ. 말씀 에스더 1:1-22을 다 함께 읽는다

1:1 이 일은 아하수에로 왕 때에 있었던 일이니 아하수에로는 인도로부터 구스까지 백
이십칠 지방을 다스리는 왕이라 2 당시에 아하수에로 왕이 수산 궁에서 즉위하고 3 왕
위에 있은 지 제삼년에 그의 모든 지방관과 신하들을 위하여 잔치를 베푸니 바사와 메
대의 장수와 각 지방의 귀족과 지방관들이 다 왕 앞에 있는지라 4 왕이 여러 날 곧 백
팔십 일 동안에 그의 영화로운 나라의 부함과 위엄의 혁혁함을 나타내니라 5 이 날이
지나매 왕이 또 도성 수산에 있는 귀천간의 백성을 위하여 왕궁 후원 뜰에서 칠 일 동
안 잔치를 베풀새 6 백색, 녹색, 청색 휘장을 자색 가는 베 줄로 대리석 기둥 은고리에
매고 금과 은으로 만든 걸상을 화반석, 백석, 운모석, 흑석을 깐 땅에 진설하고 7 금 잔
으로 마시게 하니 잔의 모양이 각기 다르고 왕이 풍부하였으므로 어주가 한이 없으며
8 마시는 것도 법도가 있어 사람으로 억지로 하지 않게 하니 이는 왕이 모든 궁내 관
리에게 명령하여 각 사람이 마음대로 하게 함이더라 9 왕후 와스디도 아하수에로 왕
궁에서 여인들을 위하여 잔치를 베푸니라 10 제칠일에 왕이 주흥이 일어나서 어전 내
시 므후만과 비스다와 하르보나와 빅다와 아박다와 세달과 가르가스 일곱 사람을 명
령하여 11 왕후 와스디를 청하여 왕후의 관을 정제하고 왕 앞으로 나아오게 하여 그의
아리따움을 뭇 백성과 지방관들에게 보이게 하라 하니 이는 왕후의 용모가 보기에 좋
음이라 12 그러나 왕후 와스디는 내시가 전하는 왕명을 따르기를 싫어하니 왕이 진노
하여 마음속이 불 붙는 듯하더라 13 왕이 사례를 아는 현자들에게 묻되 (왕이 규례와
법률을 아는 자에게 묻는 전례가 있는데 14 그 때에 왕에게 가까이 하여 왕의 기색을
살피며 나라 첫 자리에 앉은 자는 바사와 메대의 일곱 지방관 곧 가르스나와 세달과
아드마다와 다시스와 메레스와 마르스나와 므무간이라) 15 왕후 와스디가 내시가 전
하는 아하수에로 왕의 명령을 따르지 아니하니 규례대로 하면 어떻게 처치할까 16 므
무간이 왕과 지방관 앞에서 대답하여 이르되 왕후 와스디가 왕에게만 잘못했을 뿐 아
니라 아하수에로 왕의 각 지방의 관리들과 뭇 백성에게도 잘못하였나이다 17 아하수에
로 왕이 명령하여 왕후 와스디를 청하여도 오지 아니하였다 하는 왕후의 행위의 소문
이 모든 여인들에게 전파되면 그들도 그들의 남편을 멸시할 것인즉 18 오늘이라도 바
사와 메대의 귀부인들이 왕후의 행위를 듣고 왕의 모든 지방관들에게 그렇게 말하리
니 멸시와 분노가 많이 일어나리이다 19 왕이 만일 좋게 여기실진대 와스디가 다시는
왕 앞에 오지 못하게 하는 조서를 내리되 바사와 메대의 법률에 기록하여 변개함이 없

게 하고 그 왕후의 자리를 그보다 나은 사람에게 주소서 [20] 왕의 조서가 이 광대한 전국에 반포되면 귀천을 막론하고 모든 여인들이 그들의 남편을 존경하리이다 하니라 [21] 왕과 지방관들이 그 말을 옳게 여긴지라 왕이 므무간의 말대로 행하여 [22] 각 지방 각 백성의 문자와 언어로 모든 지방에 조서를 내려 이르기를 남편이 자기의 집을 주관하게 하고 자기 민족의 언어로 말하게 하라 하였더라

V. 관찰문제의 바른 답

말씀 돋보기(관찰)

1 에스더서는 아하수에로 왕을 어떻게 소개하고 있는가?(에 1:1)

a) 인도에서 구스에 이르는 모든 땅을 통치하는 왕

b) 127 지방을 다스리는 왕

Tip 에스더서는 아하수에로 왕을 화려하고 거창하게 소개하면서 시작한다. 아하수에로 왕은 페르시아 제국의 네 번째 왕 크세르크세스 1세(영화 "300"의 배경이 된 왕)이다. 그는 인도에서 구스에 이르는 모든 땅을 통치했으며, 127 지방을 다스리는 왕이었다. 인도와 구스는 당시 페르시아 제국의 남동쪽 끝과 남서쪽 끝을 상징했으며, 당시 고대 근동에서 '세상의 끝'으로 알려졌다.

2 아하수에로 왕이 180일 잔치 후 7일 잔치의 마지막 날 명령한 것은 무엇인가?(에 1:10-11)

왕비 와스디가 왕후의 관을 정제하고 왕 앞에 나오는 것

Tip 잔치 마지막 날인 7일째 되던 날, 어느 정도 술에 취한 아하수에로가 내시 일곱 명에게 명하여 왕비 와스디를 모셔 오도록 했다. 왕이 와스디를 데려오라 한 것은 그녀의 아름다움을 모든 사람에게 자랑하기 위해서였다(11절). 와스디라는 이름은 페르시아어로 '최고'라는 뜻이며, 고대 페르

시아어로 '아름다운 여인'이라는 말과 비슷하다.
고대 사회에서 잔치는 왕의 위대함을 과시하며 동시에 부하들의 충성을 유도하는 목적으로 자주 행해졌다. 이 잔치는 반년 동안 동일한 참석자들을 상대로 잔치했다는 것은 아닌 것 같다. 매일 참석하는 관료들이 바뀌거나, 아마도 그들을 위한 일종의 박람회 혹은 그리스와의 전쟁을 위한 전략 회의가 이 기간에 지속된 것으로 풀이할 수도 있다.

3 와스디의 거부에 진노한 왕이 응징을 위해 시행한 것은 무엇인가?(에 1:13-15)

사례를 아는 현자들에게 자문을 구함

Tip 아하수에로가 절대 권력을 가지고 무엇이든지 원하는 대로 할 수 있었지만, 전례에 따라 '규례와 법률' 전문가들에게 이 일에 대해 자문을 구했다(13절). 이들이 '규례와 법률'에 조예가 깊은 사람이라는 것은 왕에게 매우 큰 영향력을 지닌 사람들이었다는 사실을 암시한다.

4 므무간의 제안은 무엇인가?(에 1:19)

와스디를 폐위하고 새 왕비를 맞이할 것을 제안

Tip 므무간은 와스디를 폐위하고 새 왕비를 맞이할 것을 제안한다. 페르시아 안에 거하되 왕비의 자격을 박탈해 다시는 왕 앞에 나타날 수 없도록 하라는 것이다(19절). 왕은 법률적인 자문을 구했는데, 므무간은 법을 근거로 말하지 않는다. 므무간은 이 일이 온 나라에 미칠 영향을 우려하기 보다 왕의 눈치를 살피면서 하려는 일에 정당성을 부여해 주고 있다. 법률 전문가들이 법에 준한 결정을 내리지 않고 '왕과 자신들이 보기에 좋은 대로' 결정을 하고 있다.

5 와스디 왕후가 청해도 오지 않는 일로 시작된 조서의 내용은 무엇인가?(에 1:20-22)

각 집안에서 남편이 위치를 확고히 하여 집안을 다스릴 것을 요구

Tip 왕은 므무간의 조언에 따라 제국에서 사용하는 모든 언어로 칙령을 내려 가정에서 남자의 위치를 확고히 했다(22절). 이 칙령은 와스디 왕비를 전혀 언급하지 않는다. 다만 각 집안에서 남편이 위치를 확고히 하여 집안을 다스릴 것을 요구하고 있다.

Ⅵ. 적용과 나눔

삶의 내비게이션(적용)

1 당신 혹은 주변 사람이 허세를 부리다가 난처했던 경험은 무엇이 있는가?

관찰문제 1번, 2번 참고. 에스더 1장에 등장하는 아하수에로 왕과 아내 와스디는 허세 커플이다. 특히 와스디는 왕의 부름에 미모만 믿고 허세 부리다가 왕비 자리에서 폐위되기까지 한다. 각자 허세로 난처했던 경험을 나누어 보도록 한다. 본인의 특별한 경험이 없다면 주변 사람 이야기를 나누어도 된다.

예) 음식값을 내겠다고 했는데 돈이 없음
자존심을 세우기 위해 있는 외제 자동차를 구입했다가 금전적으로 어려워짐
이성에게 잘 보이기 위해 있는 척함
부잣집 자녀로 보이려고 명품으로 치장했다가 난처해짐

2 아하수에로 왕은 법률 전문가의 조언을 구하지만 결국 자기 마음대로 했다. 당신이 도움을 구하지만 내 마음대로 결정한 것은 무엇인가?

관찰문제 3번, 4번 참고. 아하수에로 왕은 법률 전문가를 모아 조언을 구했지만 왕에게 마음대로 하라고 권하며 왕도 자기 마음대로 일을 처리한다. 우리도 무슨 결정을 할 때 부모님, 신앙의 선배와 의논하지만 정작 결정할 때는 자기 마음대로 하는 경향이 있다. 각자 그런 경험담을 나누어 보자. 인생의 진로, 취업 문제, 이성 친구 등에 대해 의논하지만 자기 마음대로 결정한 것이 있는지 말해 보도록 한다.

3 와스디는 미모를 믿고 쓸데없는 만용으로 왕비 자리를 박탈당했다. 하나님이 주신 은혜 중에서 잘 관리해야 할 부분은 무엇인가?

관찰문제 2번 3번 참고. 하나님이 주신 은혜 중에는 사람의 미모도 있고, 재능도 있다. 그 은혜를 잘 관리하면 모든 사람에게 유익을 주고 하나님께 영광을 돌릴 수 있지만, 그렇지 않다면 가지고 있는 것까지도 놓칠 수 있다. 각자 하나님이 주신 은혜를 나누어 보도록 한다.

예) 미모가 뛰어난 것, 키가 큰 것/작은 것, 공부를 잘하는 것, 일을 지혜롭게 처리하는 것, 사람과 화평한 것, 그림을 잘 그리는 것, 노래를 잘하는 것 등 각자 은혜를 잘 관리하기 위해 필요한 것은 무엇인지 말해 보도록 한다. 인도자는 서로 알아가는 시간이 되도록 한다.

Ⅶ. 마무리

기도로 마무리한다.
제7주 관찰문제를 예습해 오도록 한다.
실천과제를 제시한다.

생활의 아로마(실천)

예 1) 하나님이 주신 은혜가 교만으로 비춰지지 않도록 관리를 잘하도록 한다.
2) 삶 속에서 허세를 척결하도록 한다.
– 상황을 판단해서 조용히 넘어가기

제7주 준비된 왕비

에스더 2:1-23

학습목표

1. 하나님의 섭리는 인간의 준비됨과 하나님의 은혜가 둘 다 필요하다.

KEYWORD **준비, 섭리, 은혜**

Ⅰ. 찬양과 기도

Ⅱ. 지난주 실천과제 나눔

Ⅲ. 복습문제 풀이

복습

1 왕의 자문에 대한 므무간의 제안은 무엇인가?(에 1:19)
와스디를 폐위하고 새 왕비를 맞이할 것을 제안

Ⅳ. 말씀 에스더 2:1-23을 다 함께 읽는다

2:1 그 후에 아하수에로 왕의 노가 그치매 와스디와 그가 행한 일과 그에 대하여 내린
조서를 생각하거늘 2 왕의 측근 신하들이 아뢰되 왕은 왕을 위하여 아리따운 처녀들
을 구하게 하시되 3 전국 각 지방에 관리를 명령하여 아리따운 처녀를 다 도성 수산으

로 모아 후궁으로 들여 궁녀를 주관하는 내시 헤개의 손에 맡겨 그 몸을 정결하게 하
는 물품을 주게 하시고 4 왕의 눈에 아름다운 처녀를 와스디 대신 왕후로 삼으소서 하
니 왕이 그 말을 좋게 여겨 그대로 행하니라 5 도성 수산에 한 유다인이 있으니 이름
은 모르드개라 그는 베냐민 자손이니 기스의 증손이요 시므이의 손자요 야일의 아들
이라 6 전에 바벨론 왕 느부갓네살이 예루살렘에서 유다 왕 여고냐와 백성을 사로잡
아 갈 때에 모르드개도 함께 사로잡혔더라 7 그의 삼촌의 딸 하닷사 곧 에스더는 부
모가 없었으나 용모가 곱고 아리따운 처녀라 그의 부모가 죽은 후에 모르드개가 자
기 딸 같이 양육하더라 8 왕의 조서와 명령이 반포되매 처녀들이 도성 수산에 많이 모
여 헤개의 수하에 나아갈 때에 에스더도 왕궁으로 이끌려 가서 궁녀를 주관하는 헤개
의 수하에 속하니 9 헤개가 이 처녀를 좋게 보고 은혜를 베풀어 몸을 정결하게 할 물
품과 일용품을 곧 주며 또 왕궁에서 으레 주는 일곱 궁녀를 주고 에스더와 그 궁녀들
을 후궁 아름다운 처소로 옮기더라 10 에스더가 자기의 민족과 종족을 말하지 아니하
니 이는 모르드개가 명령하여 말하지 말라 하였음이라 11 모르드개가 날마다 후궁 뜰
앞으로 왕래하며 에스더의 안부와 어떻게 될지를 알고자 하였더라 12 처녀마다 차례대
로 아하수에로 왕에게 나아가기 전에 여자에 대하여 정한 규례대로 열두 달 동안을 행
하되 여섯 달은 몰약 기름을 쓰고 여섯 달은 향품과 여자에게 쓰는 다른 물품을 써서
몸을 정결하게 하는 기한을 마치며 13 처녀가 왕에게 나아갈 때에는 그가 구하는 것을
다 주어 후궁에서 왕궁으로 가지고 가게 하고 14 저녁이면 갔다가 아침에는 둘째 후궁
으로 돌아와서 비빈을 주관하는 내시 사아스가스의 수하에 속하고 왕이 그를 기뻐하
여 그의 이름을 부르지 아니하면 다시 왕에게 나아가지 못하더라 15 모르드개의 삼촌
아비하일의 딸 곧 모르드개가 자기의 딸 같이 양육하는 에스더가 차례대로 왕에게 나
아갈 때에 궁녀를 주관하는 내시 헤개가 정한 것 외에는 다른 것을 구하지 아니하였으
나 모든 보는 자에게 사랑을 받더라 16 아하수에로 왕의 제칠년 시월 곧 데벳월에 에
스더가 왕궁에 인도되어 들어가서 왕 앞에 나가니 17 왕이 모든 여자보다 에스더를 더
사랑하므로 그가 모든 처녀보다 왕 앞에 더 은총을 얻은지라 왕이 그의 머리에 관을
씌우고 와스디를 대신하여 왕후로 삼은 후에 18 왕이 크게 잔치를 베푸니 이는 에스더
를 위한 잔치라 모든 지방관과 신하들을 위하여 잔치를 베풀고 또 각 지방의 세금을
면제하고 왕의 이름으로 큰 상을 주니라 19 처녀들을 다시 모을 때에는 모르드개가 대
궐 문에 앉았더라 20 에스더는 모르드개가 명령한 대로 그 종족과 민족을 말하지 아니
하니 그가 모르드개의 명령을 양육 받을 때와 같이 따름이더라 21 모르드개가 대궐 문

에 앉았을 때에 문을 지키던 왕의 내시 빅단과 데레스 두 사람이 원한을 품고 아하수
에로 왕을 암살하려는 음모를 꾸미는 것을 [22] 모르드개가 알고 왕후 에스더에게 알리
니 에스더가 모르드개의 이름으로 왕에게 아뢴지라 [23] 조사하여 실증을 얻었으므로
두 사람을 나무에 달고 그 일을 왕 앞에서 궁중 일기에 기록하니라

V. 관찰문제의 바른 답

말씀 돋보기(관찰)

1 아하수에로 왕의 노가 그치자 측근 신하들이 제안한 것은 무엇인가?(에 2:1-4)

새로운 왕비를 선발할 때가 되었다고 제안

Tip

신하들은 와스디를 대신할 새로운 왕비를 선발할 때가 되었다고 제안했다. 왕의 신하들이 제안하는 왕비 선발 과정은 마치 오늘날의 미녀 선발 대회 같은 느낌을 준다. 오늘날 미녀 대회와 다른 것은 일단 왕비 후보로 선발이 되면 자기 고향으로 돌아갈 수 없을 뿐만 아니라 왕비가 되지 못하면 평생 왕궁에서 궁녀로 살아야 한다.

본문이 언급하고 있는 왕비 선발 방법은 페르시아의 전통 방법이 아니다. 페르시아 왕들은 대부분 자기 아내들을 귀족 집안에서 취했다. 더 나아가 귀족 중에서도 왕의 최측근이라 할 수 있는 일곱 고문(귀족) 집안에서 선발되었다(에 1:14). 그러나 때로는 왕들이 모든 법을 무시하고 감정과 느낌에 따라 일반인과 결혼했다고 한다. 당시 왕은 절대 권력을 누리며 자신이 원하는 대로 할 수 있었다.

2 성경은 모르드개의 사촌 에스더를 어떻게 소개하고 있는가?(에 2:7)

용모가 곱고 아리따운 처녀

Tip

모르드개는 하닷사라는 사촌이 있었다(7절). 하닷사는 '도금양'이라는 관

목의 이름이다. 그녀의 다른 이름은 '에스더'인데, '샛별'이라는 의미를 지녔다. 이는 바빌론의 '이쉬타르'라는 여신의 이름에서 유래했거나 고대 이란어로 '별'을 뜻하는 '스타라'에서 유래했을 수도 있다.
에스더는 용모가 곱고 아리따운 처녀였다(7절). 왕비 선발대회에 참가할 수 있는 모든 여건을 다분히 충족시키는 미모를 지녔다. 또한 에스더는 고아였다. 모르드개가 그녀를 딸처럼 대한[입양한] 것으로 보아 비록 두 사람이 사촌 사이였지만, 어느 정도 나이 차이가 있었을 것으로 생각된다.

3 헤개가 왕궁으로 간 에스더에게 은혜를 베푼 것은 무엇이며, 에스더가 말하지 않은 것은 무엇인가?(에 2:9-10)

일곱 궁녀를 주고, 후궁의 아름다운 처소로 옮겨주었다.
유대인이라는 사실

Tip

에스더는 내시 헤개의 총애를 받게 되었다. 헤개는 에스더에게 은혜를 베풀어 모든 필요한 것과 일곱 궁녀들을 붙여주었다(9절). 아하수에로 왕의 여자 취향을 가장 잘 아는 헤개는 에스더가 왕비가 될 것을 확신하고 있다. 또한 에스더의 거처도 가장 좋은 곳으로 옮겨주었다. 에스더가 헤개의 은혜를 받은 것은 하나님 은혜이다. 이것은 보이지 않게 역사하시는 하나님의 섭리이다.
에스더는 유대인이라는 사실을 모르드개가 말하지 말라고 했기 때문에 밝힐 수 없었다(10절). 모르드개가 이처럼 명령한 것은 아마도 에스더의 뿌리가 밝혀지면 위험해질까 봐 두려워해서이다. 만일 모르드개가 이런 이유에서 에스더가 민족과 종족을 밝히는 것을 금한 것이라면, 앞으로 하만이 큰 규모로 전개할 반유대적인 분위기가 이미 수산에 잠재해 있었음을 짐작할 수 있다.

4 에스더는 어떻게 왕비가 되었는가?(에 2:12-15)

준비 기간: 1년
준비 사항: 헤게의 조언에 따라서 움직였고, 그외 아무것도 욕심내지 않았다.
왕의 선택: 에스더에게 관을 씌워 왕비로 삼았다.

Tip

왕비 후보가 된 처녀들은 모두 1년 동안 몸을 가꾸었다. 처음 6개월은 오일 마사지를 받고, 나머지 6개월은 향으로 테라피를 받았다. 처녀들은 1년 동안 몸을 가꾼 다음, 순서에 따라 매일 왕의 침실로 갔다. 이때 왕궁에서는 처녀들이 원하는 모든 것을 준비해 주었다. 자신을 왕 앞에서 더 매력적으로 보이게 하는 장신구나 왕의 성적인 욕망을 돋우기 위한 정력제 등을 가져갔을 것이다. 그러나 에스더는 아무것도 욕심내지 않고 오직 헤개의 조언에 따라 움직였다(15절). 헤개는 왕의 취향을 가장 잘 아는 사람이었기에 그의 뜻을 따르는 것은 지혜로운 일이다.

에스더가 왕의 침실을 찾아간 것은 아하수에로 즉위 7년 시월(오늘날 달력으로 12–1월)에 있었던 일이다(16절). 왕은 한눈에 에스더에게 반했고, 드디어 왕비를 찾기 위한 4년의 긴 여정을 끝냈다. 왕은 에스더에게 관을 씌우고 큰 잔치를 베풀었다. 이렇게 에스더가 왕의 선택을 받은 것은 보이지 않는 하나님의 도우심이었다.

5 모르드개가 대궐문에서 알게 된 음모는 무엇이며, 어떻게 해결했는가?(에 2:21–23)

음모: 내시 빅단과 데레스가 왕에게 원한을 품어 암살하려는 음모

해결책: 모르드개가 에스더에게 알렸고, 에스더가 왕에게 알려 두 사람을 처형했다.

Tip

모르드개가 대궐 문에 앉아서 모든 일을 지켜보다가 두 내시 빅단과 데레스가 왕에게 원한을 품고 암살하려는 음모를 꾸미는 것을 듣게 되었다(21절). 모르드개는 즉시 에스더에게 역모에 대해 알렸고, 에스더는 왕에게 아뢰었다(22절). 곧바로 조사가 진행되었고, 역모가 사실로 드러나 두 사람은 처형되었다(23절).

고대 근동에서는 법적 소송이나 관료들의 공식 업무가 흔히 성문/궁궐 주변에서 이루어졌다(cf. 창 19:1). 그러므로 모르드개가 대궐문 곁에 앉아 있었다는 것은 공직에 있던 사람임을 암시한다.

삶의 내비게이션(적용)

1 당신은 특별히 잘한 것도 없는데 운이 좋았다거나 특별한 호의를 받는 것을 통해 보이지 않는 하나님의 간섭하심을 경험한 적이 있는가?

관찰문제 3번 참고. 에스더는 특별히 잘한 것도 없는데 헤개의 은혜를 입는다. 이것을 통해 보이지 않는 곳에서 역사하시는 하나님의 간섭하심을 알 수 있다. 각자 특별히 잘한 것도 없는데 학창 시절에 선생님에게 예쁨을 받은 경험을 나누어 보도록 한다. 또는 주변에 특별한 호의를 베푸는 직장 동료나 상사, 이웃에 대해서도 나누어 보도록 한다. 이 나눔을 통해, 인도자는 보이지 않는 하나님이 지금도 우리와 함께하심을 깨닫도록 돕는다.

2 모든 왕비 후보들은 왕 앞에 나아가기 위해 1년간의 준비기간이 필요했다. 당신은 만왕의 왕이신 하나님 앞에 나아가기 위해 평소에 어떻게 준비하고 있는가?

관찰문제 4번 참고. 모든 왕비 후보들은 왕 앞에 나아가기 위해 1년 동안 준비를 해야 했다. 6개월은 오일 마사지, 6개월은 향으로 테라피, 그렇게 몸을 가꾸고 왕 앞에 나갈 수 있었다. 아하수에로 왕에게 나아가는데도 1년의 시간을 준비하는데, 우리가 만왕의 왕이신 하나님 앞에 나아가는데는 어떤 준비가 필요한지 이야기를 나누어 보도록 한다. 그리고 평소에 어떻게 준비하고 있는지도 말해 보도록 한다. 만일 준비 없이, 생각 없이 하나님께 나간다는 일원이 있다면, 무엇을 준비해야 하는지 도움을 주는 시간을 갖도록 한다.

3 당신이 지금까지 '준비가 안돼서' 라는 핑계로 시작하지 못한 일은 무엇이며, 이 문제를 어떻게 해결해 나갈 것인가?

관찰문제 4번 참고. 우리는 무엇을 부탁받으면 '준비가 안돼서'라는 말을 자주 하고 또 듣게 된다. 교회 사역도 그렇고, 생활 전선에 뛰어들지 못하고 집에서 쉬는 것도 준비가 안되어서 그렇다고 말하는 사람도 있다. 또는 힘든 일을 하기 싫어서 준비가 안되었다고 말할 수도 있다. 각자 지금까지 '준비가 안돼서'라는 핑계로 시작하지 못한 일은 무엇인지 이야기를 나누어 보도록 한다. 왜 그 일을 시작하지 못하고 있는지, 어떻게 해결해 나갈 것인지 말해 보도록 한다. 준비기간을 단축하는 방법에 대해 피드백을 나누어 보도록 한다.

Ⅶ. 마무리

기도로 마무리한다.
제8주 관찰문제를 예습해 오도록 한다.
실천과제를 제시한다.

생활의 아로마(실천)

예 1) 준비가 안되었다는 핑계로 시작하지 못한 것을 돌아보고 실행하도록 한다.

제8주 권력의 밑바닥

에스더 3:1-15

학습목표

1. 종교적 신념은 고난으로 이어질 수 있다는 사실을 알 수 있다.

KEYWORD **권력남용, 인종말살, 음모**

Ⅰ. 찬양과 기도

Ⅱ. 지난주 실천과제 나눔

Ⅲ. 복습문제 풀이

복습

1 에스더는 어떻게 왕비가 되었는가?(에 2:12-15)

준비 기간: 1년

준비 사항: 헤개의 조언에 따라서 움직였고, 그외 아무것도 욕심내지 않았다.

왕의 선택: 에스더에게 관을 씌워 왕비로 삼았다.

Ⅳ. 말씀 에스더 3:1-15을 다 함께 읽는다

3:1 그 후에 아하수에로 왕이 아각 사람 함므다다의 아들 하만의 지위를 높이 올려 함

께 있는 모든 대신 위에 두니 [2] 대궐 문에 있는 왕의 모든 신하들이 다 왕의 명령대
로 하만에게 꿇어 절하되 모르드개는 꿇지도 아니하고 절하지도 아니하니 [3] 대궐 문
에 있는 왕의 신하들이 모르드개에게 이르되 너는 어찌하여 왕의 명령을 거역하느냐
하고 [4] 날마다 권하되 모르드개가 듣지 아니하고 자기는 유다인임을 알렸더니 그들이
모르드개의 일이 어찌 되나 보고자 하여 하만에게 전하였더라 [5] 하만이 모르드개가
무릎을 꿇지도 아니하고 절하지도 아니함을 보고 매우 노하더니 [6] 그들이 모르드개의
민족을 하만에게 알리므로 하만이 모르드개만 죽이는 것이 부족하다고 생각하고 아하
수에로의 온 나라에 있는 유다인 곧 모르드개의 민족을 다 멸하고자 하더라 [7] 아하수
에로 왕 제십이년 첫째 달 곧 니산월에 무리가 하만 앞에서 날과 달에 대하여 부르 곧
제비를 뽑아 열두째 달 곧 아달월을 얻은지라 [8] 하만이 아하수에로 왕에게 아뢰되 한
민족이 왕의 나라 각 지방 백성 중에 흩어져 거하는데 그 법률이 만민의 것과 달라서
왕의 법률을 지키지 아니하오니 용납하는 것이 왕에게 무익하니이다 [9] 왕이 옳게 여
기시거든 조서를 내려 그들을 진멸하소서 내가 은 일만 달란트를 왕의 일을 맡은 자의
손에 맡겨 왕의 금고에 드리리이다 하니 [10] 왕이 반지를 손에서 빼어 유다인의 대적
곧 아각 사람 함므다다의 아들 하만에게 주며 [11] 이르되 그 은을 네게 주고 그 백성도
그리하노니 너의 소견에 좋을 대로 행하라 하더라 [12] 첫째 달 십삼일에 왕의 서기관이
소집되어 하만의 명령을 따라 왕의 대신과 각 지방의 관리와 각 민족의 관원에게 아하
수에로 왕의 이름으로 조서를 쓰되 곧 각 지방의 문자와 각 민족의 언어로 쓰고 왕의
반지로 인치니라 [13] 이에 그 조서를 역졸에게 맡겨 왕의 각 지방에 보내니 열두째 달
곧 아달월 십삼일 하루 동안에 모든 유다인을 젊은이 늙은이 어린이 여인들을 막론하
고 죽이고 도륙하고 진멸하고 또 그 재산을 탈취하라 하였고 [14] 이 명령을 각 지방에
전하기 위하여 조서의 초본을 모든 민족에게 선포하여 그 날을 위하여 준비하게 하라
하였더라 [15] 역졸이 왕의 명령을 받들어 급히 나가매 그 조서가 도성 수산에도 반포되
니 왕은 하만과 함께 앉아 마시되 수산 성은 어지럽더라

말씀 돋보기(관찰)

1 아하수에로 왕이 지위를 높이 올린 하만은 누구의 자손인가?(에 3:1)

아각의 자손

Tip 하만은 아각 사람 함므다다의 아들이다. 아각은 사무엘이 사울에게 진멸하라고 했던 아말렉 족 왕의 이름이자 타이틀이었다(삼상 15장). 하만이 아각 사람이라는 사실을 밝힘으로써 이스라엘과 아말렉 족의 영원한 갈등을 상기시킨다(cf. 출 17:8-16; 민 24:20). 그러므로 모르드개와 하만의 갈등은 두 족속 사이에 수백 년동안 지속된 원수 관계의 연속선상에서 보아야 한다.

2 하만이 모르드개에게 분노한 이유는 무엇인가?(에 3:5)

하만에게 절하지 않아서

Tip 하만이 왕궁을 출입할 때마다 대궐문에 있는 왕의 모든 신하들은 하만에게 무릎을 꿇어 절하도록 하였으나, 모르드개는 무릎을 꿇지도 않고 절하지도 않았다. 이 사실을 확인한 하만은 매우 화를 냈다(5절). 모르드개가 유대인이기에 절할 수 없다고 말한 것으로 보아, 하만에게 절하지 않은 것은 무엇보다도 종교적 이유로 보여진다(4절). 하만에게 절하는 것은 곧 그를 신적 존재로 인정하는 행위가 되었던 것이다.

성경에는 '꿇어 절하다'는 항상 하나님께 예배드리는 모습으로 묘사하지(cf. 대하 7:3; 29:29; 시 22:29; 95:6), 한 번도 사람이 사람에게 절하는 것을 묘사하지는 않는다.

3 분노한 하만이 세운 계획은 무엇인가?(에 3:6)

모르드개와 그의 민족 전체를 죽이기로 함

Tip

하만은 모르드개를 죽이는 것으로 만족할 수 없다며, 그가 속한 민족 전체를 죽이기를 결정한다(6절). 오래전에 사울은 아말렉 족을 진멸하라는 하나님 명령을 받았지만 거역했다(cf. 삼상 15장). 이제 이스라엘은 사울이 살려둔 아말렉 자손들로 진멸될 위기에 처했다. 한 개인의 사소한 감정으로 유대인이 몰살당할 위기에 처하게 되었다. 이것은 2장에 잠재된 반유대주의가 수면으로 올라오기 시작한 것이다.

4 하만은 아하수에로 왕에게 모르드개가 속한 민족을 진멸해야 하는 이유를 무엇이라고 말하는가? 하만은 이 일을 위해 얼마를 상납했는가?(에 3:8–9)

진멸 이유: 왕의 법을 지키지 않는 민족이라서

상납금: 은 1만 달란트

Tip

하만은 왕을 찾아가 어느 민족이라고 구체적으로 밝히지 않은 채 왕의 법을 지키지 않는 민족이 있으니 진멸하라고 권했다(8절). 이런 민족은 두어봤자 골치만 아프니 멸종시켜 온 제국에 본때를 보이자는 의도에서였다. 그의 스피치는 매우 교활하게 꾸며져 있다. "한 민족이 왕의 나라 각 지방에 흩어져 거하는데"로 시작해(진리), "그 법률이 만민의 것과 달라서"를 말하고(반진리), "왕의 법률을 지키지 아니하오니"로 마무리한다(완전 거짓). 그가 유대인이 일으키는 문제에 대해 제시할 유일한 증거는 모르드개가 그에게 절을 안했다는 것 외에는 아무것도 없다.

하만은 이 일을 위해 은 1만 달란트(340톤)를 기부하겠다고 했다(9절). 이 정도면 페르시아 제국이 1년에 거두어들인 세금의 60%에 해당한다. 만일 자기 비용을 들여 유대인을 몰살시키면 그들이 가진 재산은 모두 하만의 것이 된다.

* 은 1만 달란트

– 1세겔: 11.5g

– 10세겔: 1인 1년 봉급

– 은 1만 달란트: 300만 명의 1년 봉급(연봉)

5 하만의 요청에 왕이 각 지방에 보낸 조서의 내용은 무엇인가?(에 3:13)

12월 13일 남녀노소를 가릴 것 없이 유대인을 모두 학살하라는 내용

Tip 왕의 반지를 받은 하만은 곧장 유대인 학살 음모를 행동으로 옮겼다. 첫째 달(니산월) 13일에 관료들을 소집해 12월(아달월) 13일에 남녀노소 가릴 것 없이 유대인은 모두 학살하라는 조서를 써서 제국 전체에 전달했다(12-13절). 조서의 내용을 보면, 정한 날에 남녀노소를 가릴 것 없이 모든 유대인을 '죽이고, 도륙하고, 진멸하고, 그들의 재산을 탈취하라'(13절)로 잔혹성을 강조하고 있다. 숫자 13은 바빌론과 페르시아에서 불행을 상징하는 숫자로 여겨졌다.

VI. 적용과 나눔

삶의 내비게이션(적용)

1 하만은 한 사람의 잘못을 민족 전체로 확장해서 말살하려고 한다. 개인의 잘못으로 단체(학교/군대/사회)가 불이익을 당했던 경험이 있는가?

관찰문제 3번 참고. 하만은 모르드개 한 사람에 대한 감정을 민족 전체의 학살로 확장한다. 우리도 개인의 잘못으로 인해 반 전체가 기합을 받거나, 군에서 한 사람의 잘못으로 소대나 부대가 불이익을 당했던 경험이 있다. 회사에서도 한 사람의 작은 실수로 큰 손해를 보는 경우도 있다. 각자 경험을 나누어 보도록 한다. 인도자는 학창 시절이나 군대 이야기로 너무 많은 시간을 소모하지 않도록 돕는다.

2 사울과 아말렉, 모르드개와 하만 이들의 관계를 보면, 과거에 해결되지 않은 일로 현재 영향을 받는다. 당신이 과거에 해결하지 않은 일로 아직도 힘든 부분이 있는가?

관찰문제 1번 참고. 사울이 해결하지 못한 일로 모르드개는 고난을 당한다. 이 관계는 수백년 동안 지속된 관계이다. 이렇듯 부모 시대에 해결하지 못한 일이 자녀에게 영향을 미칠 수 있다. 예를 들면 부모가 해결하지 못한 빚이 자녀에게 유산으로 돌아오기도 한다. 쉽게는 학창시절에 제대로 공부하지 않아 아직도 영어로 고생하는 경우도 있다. 또한 필요한 자격증을 준비하지 않아 직장 생활에 불이익을 당할 수도 있다. 부모-자식간의 관계가 바르지 못해 힘든 경우, 어릴 때 바른 훈육이 이뤄지지 않아 성장해서 어려움을 당하는 경우, 고등학교 시절 공부에 집중하지 않아 학력 문제로 지금 고민하는 경우도 있다. 각자 과거에 해결하지 않아 힘든 것에 대해 나누어 보도록 한다.

3 모르드개는 종교적인 이유로 하만에게 절하는 것을 거부했다. 당신이 종교적인 이유로 꺼려해야 하는 것은 무엇인가?

관찰문제 2번 참고. 모르드개는 오직 하나님만이 존귀해져야 한다는 신념을 가진 사람이다. 그런 그에게 하만을 우상화하는 일은 결코 용납할 수 없는 일이었다. 당신도 하나님께만 영광을 돌리기 위해 스스로 절제해야 하는 부분이 있을 것이다. 각자 종교적 이유로 꺼리는 부분을 나누어 보도록 한다.

예) 술, 담배, 노래방, 영화관, 옷차림, 점 보는 것, 운세 보는 것, 제사 음식 먹는 것 등

Ⅶ. 마무리

기도로 마무리한다.

제9주 관찰문제를 예습해 오도록 한다.

실천과제를 제시한다.

생활의 아로마(실천)

예 1) 나에게 너무 쉽게 포기하는 종교적 신념이 있는지 돌아보고, 지키도록 한다.

제9주 죽으면 죽으리라

에스더 4:1-17

학습목표

1. 하나님은 분명히 자기 백성을 구원하심을 알 수 있다.

KEYWORD **사생결단, 적재적소, 다른 데**

Ⅰ. 찬양과 기도

Ⅱ. 지난주 실천과제 나눔

Ⅲ. 복습문제 풀이

복습

1 하만이 모르드개에게 분노한 이유는 무엇인가?(에 3:5)

하만에게 절하지 않아서

2 하만의 요청에 왕이 각 지방에 보낸 조서의 내용은 무엇인가?(에 3:13)

12월 13일 남녀노소를 가릴 것 없이 유대인을 모두 학살하라는 내용

Ⅳ. 말씀 에스더 4:1-17을 다 함께 읽는다

4:1 모르드개가 이 모든 일을 알고 자기의 옷을 찢고 굵은 베 옷을 입고 재를 뒤집어쓰
고 성중에 나가서 대성 통곡하며 2 대궐 문 앞까지 이르렀으니 굵은 베 옷을 입은 자
는 대궐 문에 들어가지 못함이라 3 왕의 명령과 조서가 각 지방에 이르매 유다인이 크
게 애통하여 금식하며 울며 부르짖고 굵은 베 옷을 입고 재에 누운 자가 무수하더라 4
에스더의 시녀와 내시가 나아와 전하니 왕후가 매우 근심하여 입을 의복을 모르드개
에게 보내어 그 굵은 베 옷을 벗기고자 하나 모르드개가 받지 아니하는지라 5 에스더
가 왕의 어명으로 자기에게 가까이 있는 내시 하닥을 불러 명령하여 모르드개에게 가
서 이것이 무슨 일이며 무엇 때문인가 알아보라 하매 6 하닥이 대궐 문 앞 성 중 광장
에 있는 모르드개에게 이르니 7 모르드개가 자기가 당한 모든 일과 하만이 유다인을
멸하려고 왕의 금고에 바치기로 한 은의 정확한 액수를 하닥에게 말하고 8 또 유다인
을 진멸하라고 수산 궁에서 내린 조서 초본을 하닥에게 주어 에스더에게 보여 알게 하
고 또 그에게 부탁하여 왕에게 나아가서 그 앞에서 자기 민족을 위하여 간절히 구하
라 하니 9 하닥이 돌아와 모르드개의 말을 에스더에게 알리매 10 에스더가 하닥에게
이르되 너는 모르드개에게 전하기를 11 왕의 신하들과 왕의 각 지방 백성이 다 알거니
와 남녀를 막론하고 부름을 받지 아니하고 안뜰에 들어가서 왕에게 나가면 오직 죽이
는 법이요 왕이 그 자에게 금 규를 내밀어야 살 것이라 이제 내가 부름을 입어 왕에게
나가지 못한 지가 이미 삼십 일이라 하라 하니라 12 그가 에스더의 말을 모르드개에게
전하매 13 모르드개가 그를 시켜 에스더에게 회답하되 너는 왕궁에 있으니 모든 유다
인 중에 홀로 목숨을 건지리라 생각하지 말라 14 이 때에 네가 만일 잠잠하여 말이 없
으면 유다인은 다른 데로 말미암아 놓임과 구원을 얻으려니와 너와 네 아버지 집은 멸
망하리라 네가 왕후의 자리를 얻은 것이 이 때를 위함이 아닌지 누가 알겠느냐 하니
15 에스더가 모르드개에게 회답하여 이르되 16 당신은 가서 수산에 있는 유다인을 다
모으고 나를 위하여 금식하되 밤낮 삼 일을 먹지도 말고 마시지도 마소서 나도 나의
시녀와 더불어 이렇게 금식한 후에 규례를 어기고 왕에게 나아가리니 죽으면 죽으리
이다 하니라 17 모르드개가 가서 에스더가 명령한 대로 다 행하니라

말씀 돋보기(관찰)

1 모르드개는 하만의 음모를 알고 어떻게 행동했는가?(에 4:1)

대성통곡하며, 옷을 찢고 베옷을 입고 재를 뒤집어썼다.

Tip 모르드개는 조서를 읽고 대성통곡하며, 옷을 찢고 베옷을 입고 재를 뒤집어썼다(1절). 극에 달한 슬픔의 표현이며(창 37:34; 삼하 1:11; 사 3:24; 단 9:3), 하나님께 버림받음을 상징한다.

이처럼 고대 사람은 불편한 옷을 입고 스스로 괴롭게 하며 슬픔을 표현했다. 우리는 감정 표현을 많이 자제하지만 근동 사회에서는 슬픈 일을 당한 사람은 마음껏 표현하는 것이 일상화되어 있었다.

* 옷을 찢는 행위: 페르시아 사람이 슬픔의 표현으로 옷을 찢었다는 기록을 보아 이런 슬픔 표현 풍습은 이스라엘 외에도 고대 근동 곳곳에서 행해졌음

* 베옷: 슬픔을 상징, 거친 염소 혹은 낙타털로 짠 옷, 대부분 검은색으로 슬픔에 암울한 분위기를 더함

* 재(흙): 죽음 상징, 사람이 죽으면 한줌의 재가 되기 때문

2 모르드개가 내시 하닥을 통해 에스더에게 부탁한 것은 무엇인가?(에 4:8)

에스더에게 속히 아하수에로 왕에게 나아가 위기에 처한 자기 백성을 위해 간절히 구하라고 부탁했다.

Tip 에스더의 심복 하닥이 베옷을 입고 슬퍼하는 모르드개를 찾아왔다(6절). 모르드개는 하만이 유대인들을 모두 학살하기 위해 왕의 금고에 돈(은 1만 세겔)을 들여놓은 일에 대해 하닥에게 상세히 알려 주고(7절), 그 증거로 하만이 작성한 조서 초본을 에스더에게 가져다주라고 했다(8절). 모르드개는 에스더에게 속히 아하수에로 왕에게 나아가 위기에 처한 자기

백성을 위해 간절히 구하라고 부탁했다(8절).

3 에스더가 모르드개의 부탁을 받고도 선뜻 나서지 못한 이유는 무엇인가?(에 4:11)

왕이 부르지 않았는데 왕에게 나아갔다가는 자칫 잘못하면 목숨을 잃을 수도 있기 때문에

에스더는 왕에게 나아가지 못한 지 30일이 되었기 때문에

Tip 에스더는 하만의 악한 음모에 대해 큰 충격을 받았지만 난감했다. 자기 백성을 구하려면 분명 왕에게 나아가야 하는데, 왕이 부르지 않았는데 나아갔다가는 자칫 잘못하면 목숨을 잃을 수도 있기 때문이다(11절). 에스더는 이 법에 대해 모르드개뿐만 아니라 세상 모든 사람이 알고, 모든 이에게 항상 적용된다는 사실을 강조하고 있다. 이 법을 어기는 일은 참으로 어려운 일이다. 또한 에스더는 왕에게 나아가지 못한 지 30일이 되었음을 말한다. 이는 왕비의 존재감이 미약한 상태를 의미한다.

4 모르드개는 에스더가 나서지 않는다면 주의 백성은 어떻게 구원을 받을 것이라고 하는가?(에 4:14)

'다른 데'로 말미암아

Tip 에스더의 말을 전해 들은 모르드개는 그녀의 변명을 수용하지 않고 단호하게 말했다. 에스더에게 혼자 살 생각은 하지 말라는 것이다. 만일 에스더가 나서지 않으면 이스라엘 사람은 분명히 '다른 데'로 말미암아 구원을 받을 것이지만, 그녀와 집안은 온전하지 못할 것이라고 확신했다. 본문에서 '다른 데'는 하나님을 의미한다. 모르드개는 하나님의 이름을 거론하지 않지만, 하나님의 예정과 섭리를 확실하게 믿는 사람이었다. 에스더가 침묵하면, 하나님은 분명히 다른 방법(다른 사람을 통해)으로 자기 백성을 구원하실 것이라고 확신했다.

5 에스더는 이 일에 대해 어떤 각오를 하고, 모르드개에게 무엇을 부탁했는가?(에 4:16)

각오: 죽으면 죽으리라.

부탁: 수산에 있는 모든 유대인을 모아 3일간 금식

Tip 에스더가 왕이 부르지 않았는데 그를 찾아가는 것은 위험한 일이다. 그러나 모르드개의 경고와 "네가 왕비가 된 것이 이때를 위함이 아니겠느냐?"(14절)라는 도전은 에스더의 마음을 가다듬고 결정을 내리게 했다. 에스더는 모험을 시작하기 전에 모르드개에게 수산에 있는 모든 유대인을 모아 3일을 금식하며 에스더와 주의 백성을 위해 기도하도록 부탁했다(16절). 에스더도 시녀들과 함께 3일을 금식하고 왕을 만나러 가겠다고 했다. 그동안 모든 일에 수동적 태도를 보인 에스더는 이제 능동적 역할을 감당하게 되었다. 에스더가 처음 소개되었을 때 아름답지만 연약한 고아였다(2장). 이제 그녀는 단호한 결단력과 강력한 리더십을 발휘하는 사람이 되어 이야기를 주도해 나간다. 에스더의 비장한 각오 "죽으면 죽으리라"는 이 책에서 가장 많이 기념되는 말씀이다(16절).

Ⅵ. 적용과 나눔

삶의 내비게이션(적용)

1 에스더는 왕 앞에 나설 수도 없고, 모른 척 할 수도 없는 난처한 입장이다. 당신은 과거에 난처했던 경험이 있는가?

관찰문제 3번 참고. 에스더는 목숨을 담보해야 하는 난처한 입장에 처했다. 특히 한 달 동안 왕의 부름을 받지 못한 상황에서 찾아가는 것은 모험일 수밖에 없다. 그녀의 개입이 좋은 결과를 보장하지 못하는 상황에서 에스더의 입장은 더욱 난처할 수밖에 없었다. 각자 난처했던 경험을 나누어 보도록 한다. 남편은 어머니 편을 들자니 부인이 그렇고, 부인 편을 들자니 어머니가 걸리는 난처한 경험이 있을 것이다. 부모는 자녀에게 엄마가 좋은지 아빠가 좋은지 물어서 난처하게 하기도 한다. 여성은 남성에게 “내가 예뻐? 여배우 ***가 예뻐?” 라는 질문으로 난처하게 하기도 한다.

2 근동 사회에서는 슬픔을 마음껏 표현하는 것이 일상화되어 있었다. 우리가 슬픔을 제대로 표현하지 못하는 이유는 무엇이라고 생각하는가?

관찰문제 1번 참고. 고대 사람의 슬픔 표현은 하나님의 도우심을 극적으로 바라는 모습이었다. 그래서 옷을 찢기도 하고, 재를 뒤집어쓰기도 한다. 그러나 우리는 슬픔을 제대로 표현하지 못하는데, 그 이유에 대해 이야기를 나누어 보도록 한다.

남성의 경우, 어릴 때부터 울면 안 된다는 교육 때문일 수 있다.

여성의 경우, 소리가 문밖에 나가면 안 된다는 속담처럼 자신을 억제하며 성장했을 수 있다.

그러다 보니 감정 표현에 약할 수밖에 없다. 교육 문제인지, 문화 문제인지 나누어 보도록 한다. 그리고 긍정적 슬픔의 표현이 오히려 정신건강에 도움이 되는 것을 서로 피드백을 통해 나누도록 한다.

3 모르드개의 도전은 에스더가 긍정적 결단을 하는 기회가 된다. 당신에게도 이 말을 적용해 표현해 보자.

“네가 ________________ 된(얻은) 것이 ________________ 때를 위함이 아닌지 누가 알겠느냐”(에 4:14)

관찰문제 5번 참고. 모르드개가 망설이는 에스더에게 다음과 같이 도전한다. “네가 왕비가 된 것이 이때를 위함이 아니겠느냐?” 각자 빈 칸에 원하는 말을 넣어 문장을 만들어보도록 한다.

예) 네가 이사를 하게 된 것이 전도를 하기 위함이 아니겠는가
네가 승진한 것이 그리스도인으로 모범을 보이기 위함이 아니겠는가
네가 갑자기 수입이 생긴 것이 어려운 이웃을 돕기 위함이 아니겠는가
우리가 협력하는 것이 이웃을 돕기 위함이 아니겠는가

Ⅶ. 마무리

기도로 마무리한다.
제10주 관찰문제를 예습해 오도록 한다.
실천과제를 제시한다.

생활의 아로마(실천)

예 1) 난처한 상황을 만들지 않도록 한다.
2) 내가 현재 누리고 있는 것(물질, 지위, 재능 등)을 이용해 다른 사람에게 뜻하지 않는 도움을 베푼다.

제10주 뒤집기 한판

에스더 5:1-6:14

학습목표

1. 우연 안에는 하나님의 필연이 숨어 있음을 알 수 있다.

KEYWORD **반전, 야망, 불면**

Ⅰ. 찬양과 기도

Ⅱ. 지난주 실천과제 나눔

Ⅲ. 복습문제 풀이

복습

1 에스더는 유대인의 상황에 대해 어떤 각오를 하고, 모르드개에게 무엇을 부탁했는가?(에 4:16)

각오: 죽으면 죽으리라.

부탁: 수산에 있는 모든 유대인을 모아 3일간 금식

Ⅳ. 말씀 에스더 5:1-6:14을 다 함께 읽는다

5:1 제삼일에 에스더가 왕후의 예복을 입고 왕궁 안 뜰 곧 어전 맞은편에 서니 왕이 어

전에서 전 문을 대하여 왕좌에 앉았다가 2 왕후 에스더가 뜰에 선 것을 본즉 매우 사
랑스러우므로 손에 잡았던 금 규를 그에게 내미니 에스더가 가까이 가서 금 규 끝을
만진지라 3 왕이 이르되 왕후 에스더여 그대의 소원이 무엇이며 요구가 무엇이냐 나
라의 절반이라도 그대에게 주겠노라 하니 4 에스더가 이르되 오늘 내가 왕을 위하여
잔치를 베풀었사오니 왕이 좋게 여기시거든 하만과 함께 오소서 하니 5 왕이 이르되
에스더가 말한 대로 하도록 하만을 급히 부르라 하고 이에 왕이 하만과 함께 에스더
가 베푼 잔치에 가니라 6 잔치의 술을 마실 때에 왕이 에스더에게 이르되 그대의 소청
이 무엇이뇨 곧 허락하겠노라 그대의 요구가 무엇이뇨 나라의 절반이라 할지라도 시
행하겠노라 하니 7 에스더가 대답하여 이르되 나의 소청, 나의 요구가 이러하니이다 8
내가 만일 왕의 목전에서 은혜를 입었고 왕이 내 소청을 허락하시며 내 요구를 시행하
시기를 좋게 여기시면 내가 왕과 하만을 위하여 베푸는 잔치에 또 오소서 내일은 왕의
말씀대로 하리이다 하니라 9 그 날 하만이 마음이 기뻐 즐거이 나오더니 모르드개가
대궐 문에 있어 일어나지도 아니하고 몸을 움직이지도 아니하는 것을 보고 매우 노하
나 10 참고 집에 돌아와서 사람을 보내어 그의 친구들과 그의 아내 세레스를 청하여 11
자기의 큰 영광과 자녀가 많은 것과 왕이 자기를 들어 왕의 모든 지방관이나 신하들보
다 높인 것을 다 말하고 12 또 하만이 이르되 왕후 에스더가 그 베푼 잔치에 왕과 함께
오기를 허락 받은 자는 나밖에 없었고 내일도 왕과 함께 청함을 받았느니라 13 그러나
유다 사람 모르드개가 대궐 문에 앉은 것을 보는 동안에는 이 모든 일이 만족하지 아
니하도다 하니 14 그의 아내 세레스와 모든 친구들이 이르되 높이가 오십 규빗 되는
나무를 세우고 내일 왕에게 모르드개를 그 나무에 매달기를 구하고 왕과 함께 즐거이
잔치에 가소서 하니 하만이 그 말을 좋게 여기고 명령하여 나무를 세우니라 6:1 그 날
밤에 왕이 잠이 오지 아니하므로 명령하여 역대 일기를 가져다가 자기 앞에서 읽히더
니 2 그 속에 기록하기를 문을 지키던 왕의 두 내시 빅다나와 데레스가 아하수에로 왕
을 암살하려는 음모를 모르드개가 고발하였다 하였는지라 3 왕이 이르되 이 일에 대
하여 무슨 존귀와 관작을 모르드개에게 베풀었느냐 하니 측근 신하들이 대답하되 아
무것도 베풀지 아니하였나이다 하니라 4 왕이 이르되 누가 뜰에 있느냐 하매 마침 하
만이 자기가 세운 나무에 모르드개 달기를 왕께 구하고자 하여 왕궁 바깥뜰에 이른지
라 5 측근 신하들이 아뢰되 하만이 뜰에 섰나이다 하니 왕이 이르되 들어오게 하라 하
니 6 하만이 들어오거늘 왕이 묻되 왕이 존귀하게 하기를 원하는 사람에게 어떻게 하
여야 하겠느냐 하만이 심중에 이르되 왕이 존귀하게 하기를 원하시는 자는 나 외에 누

구리요 하고 7 왕께 아뢰되 왕께서 사람을 존귀하게 하시려면 8 왕께서 입으시는 왕
복과 왕께서 타시는 말과 머리에 쓰시는 왕관을 가져다가 9 그 왕복과 말을 왕의 신하
중 가장 존귀한 자의 손에 맡겨서 왕이 존귀하게 하시기를 원하시는 사람에게 옷을 입
히고 말을 태워서 성 중 거리로 다니며 그 앞에서 반포하여 이르기를 왕이 존귀하게
하기를 원하시는 사람에게는 이같이 할 것이라 하게 하소서 하니라 10 이에 왕이 하만
에게 이르되 너는 네 말대로 속히 왕복과 말을 가져다가 대궐 문에 앉은 유다 사람 모
르드개에게 행하되 무릇 네가 말한 것에서 조금도 빠짐이 없이 하라 11 하만이 왕복과
말을 가져다가 모르드개에게 옷을 입히고 말을 태워 성 중 거리로 다니며 그 앞에서
반포하되 왕이 존귀하게 하시기를 원하시는 사람에게는 이같이 할 것이라 하니라 12
모르드개는 다시 대궐 문으로 돌아오고 하만은 번뇌하여 머리를 싸고 급히 집으로 돌
아가서 13 자기가 당한 모든 일을 그의 아내 세레스와 모든 친구에게 말하매 그 중 지
혜로운 자와 그의 아내 세레스가 이르되 모르드개가 과연 유다 사람의 후손이면 당신
이 그 앞에서 굴욕을 당하기 시작하였으니 능히 그를 이기지 못하고 분명히 그 앞에
엎드러지리이다 14 아직 말이 그치지 아니하여서 왕의 내시들이 이르러 하만을 데리고
에스더가 베푼 잔치에 빨리 나아가니라

V. 관찰문제의 바른 답

말씀 돋보기(관찰)

1 왕은 죽음을 각오하고 나아오는 에스더를 어떻게 대했으며, 에스더는 왕에게 무엇을 부탁했는가?(에 5:2-8)

금규를 내밀어 에스더를 맞이했다.

부탁: 하만과 함께 잔치에 참여해달라고 부탁했다.

Tip

금식으로 마음을 정리한 에스더는 곧바로 왕 앞으로 나갔다. 죽음을 각오하고 왕궁 안 뜰 어전 맞은편에 선 것이다(1절). 전에 왕비 와스디는 왕 앞에 나오기를 거부해 생명을 위협받았는데, 에스더는 자발적으로 왕 앞에 나옴으로 생명의 위협을 받고 있다. 만일 왕이 반기지 않으면 그녀는

당장 끌려가 목숨을 잃게 된다. 다행히 왕은 한 달 만에 보는 에스더를 기뻐하며 금 규를 내밀었다(2절). 세상의 눈에는 행운이고 우연일 수 있지만, 보이지 않는 곳에서 모든 것을 주관하시는 하나님이 이미 그녀와 유대인을 위해 은혜와 기쁨을 준비해 두셨기에 가능한 일이었다.

에스더를 반가이 맞이한 왕은 "뭐든지 들어주겠으니 말해보라. 원하면 나라의 반이라도 주겠노라"고 했다(3절). 이는 아하수에로 왕이 자주 사용하는 형식화된 표현이다(cf. 6절; 막 6:23).

에스더는 곧장 마음에 있는 것을 말하지 않고 뜸을 들인다. 자기가 왕을 위해 잔치를 베풀었으니 하만과 함께 와 달라고 초청했다(4절). 고대 근동 사람은 단번에 요구 사항을 말하거나 이슈를 내놓지 않는다. 항상 여러 단계의 협상 과정을 통해 조금씩 해결해 나갔다.

2 왕비의 잔치에 참석한 하만이 돌아오는 길에, 대궐 문에 있는 모르드개를 보고 계획한 일은 무엇인가?(에 5:14)

높이 50규빗(22.5m) 장대를 세우고, 왕에게 모르드개를 이 장대에 매달아 죽이게 해줄 것을 부탁하려고 했다.

Tip 왕비 에스더가 베푼 잔치에 왕과 자기 밖에 초청된 사람이 없고, 다음 날도 왕과 함께 초청을 받았다고 기뻐하는(12절) 하만을 불편하게 하는 사람이 있었는데, 이는 다름 아닌 대궐 문에 앉아 있는 모르드개였다. 하만은 아내 세레스와 친구들에게 모르드개가 모든 기쁨과 즐거움을 무의미하게 만들 정도로 자신의 심기를 불편하게 한다고 말했다(13절). 하만의 이야기를 들은 세레스와 친구들은 높이가 50규빗(22.5m) 되는 장대를 세우고 다음날 왕비의 잔치에 가기 전에 먼저 왕에게 모르드개를 이 장대에 매달아 죽이게 해줄 것을 부탁하라고 했다(14절).

3 그날 밤, 왕이 잠이 오지 않아 읽게 되는 역대 일기에서 발견하게 되는 것은 무엇인가?(에 6:2)

왕을 암살하려는 음모를 모르드개가 고발했다는 사실

Tip 고대 왕은 밤에 잠이 안 오면 읽을 만한 자료를 많이 가지고 있었다. 바로 선왕으로부터 내려오는 왕의 업적과 왕국의 일을 기록한 일종의 실록이었다. 아하수에로는 이날 밤 부하를 시켜 책을 읽도록 했고, 이 책을 통해 수년 전에 모르드개가 왕국과 자기를 위해 큰 공을 세운 후, 포상을 받지 않았다는 사실을 알게 된다.
페르시아 왕은 그들을 돕거나 왕국을 위해 공을 세운 사람을 곧장 치하하고 포상하는 일에 자부심을 느꼈다. 그러므로 모르드개가 공을 세우고도 5년 동안 아무런 포상을 받지 못했다는 것은 아하수에로의 자존심에 상처를 입히는 일이었다. 이날 왕이 잠을 이루지 못한 것이나, 역대 일기에서 하필 모르드개의 일을 알게 된 것은 결코 우연이 아니라 하나님의 섭리에 따라 이뤄진 일임을 읽어낼 수 있다.

4 아무것도 모르는 하만은 모르드개를 처형할 것을 구하러 왔다가, 왕의 질문에 존귀하게 여기는 자에게 어떻게 하라고 권면하게 되는가?(에 6:7–9)
그 사람에게 왕의 왕관을 씌우고, 왕의 옷을 입히고, 왕의 말에 태워 온 도시를 다니며, 말의 고삐는 왕의 신하들 중 가장 높은 사람이 맡도록 하여 "왕이 존귀하게 하시기를 원하시는 사람에게는 이같이 할 것이라"고 외치도록 하라고 권면했다.

Tip 왕은 모르드개를 높일 생각으로 하만에게 큰 공을 세운 사람을 어떻게 대접하면 좋겠냐고 물었다(6절). 하만은 이 포상이 자신을 위한 것이라고 착각하고, 본인이 원하는 것을 말했다. 하만은 그 사람에게 왕의 왕관을 씌우고, 왕의 옷을 입히고, 왕의 말에 태워 온 도시를 시위하도록 하라고 했다(8절). 말의 고삐는 왕의 신하 중 가장 높은 사람이 맡도록 하며, "왕이 존귀하게 하시기를 원하시는 사람에게는 이같이 할 것이라"고 외치도록 권면했다(9절). 상황 파악이 안 되는 하만은 왕에게 자신의 야심을 드러내고 있는데, 그는 제국의 2인자로 만족하지 못하고 왕의 자리를 탐내고 있다.

5 하만의 기대와 달리 왕의 존귀함을 받는 사람은 누구인가? 이에 대해 하만은 어떻게 반응했는가?(에 6:10-12)

모르드개

하만은 머리를 감싸고 급히 집으로 돌아갔다.

Tip 하만의 기대와 전혀 다른 일이 벌어졌다. 그는 모르드개를 죽이고 자신이 존귀하게 되는 것을 기대했다. 그런데 자신이 모르드개를 죽이기는커녕 오히려 모르드개가 왕의 존귀함을 받게 되고, 정작 자신은 말고삐를 잡고 온 성을 돌아다니며 모르드개의 존귀함을 알리는 자가 되었다. 시위가 끝나자 모르드개는 다시 왕궁 입구로 돌아왔다. 충격과 수치를 경험한 하만은 머리를 감싸고 급히 집으로 돌아갔다.

Ⅵ. 적용과 나눔

삶의 내비게이션(적용)

1 하나님은 우리에게 잠을 주기도 하지만 깨우기도 하신다. 그날 밤,아하수에로에게는 잠을 이루지 못하게 하셨다. 당신은 하나님이 잠자는 당신을 깨우신 경험이 있는가? 그래서 잠 못 이루는 밤에 무엇을 했는가?

관찰문제 3번 참고. 성경은 아하수에로 왕이 잠을 이루지 못하는 것을 왕에게서 잠이 도망갔다고 한다. 즉 하나님이 왕의 잠을 없애신 것으로 보는 것이다. 우연이라고 하기에는 너무 필연적이다. 하만이 모르드개를 죽이기 위해 장대를 세웠는데 하필 그때 왕은 잠이 오지 않아 역대 일기를 읽다가 모르드개 이야기를 읽게 된 것이다. 각자 잠 못 이루는 밤에 무엇을 하는지 이야기를 나누어 보도록 한다. 수면을 위해 성경을 읽거나, 영화를 보거나, 밀렸던 일을 할 수 있다. 또는 하나님이 잠자는 당신을 깨우신 것처럼 느끼는 경험을 해본 적이 있다면, 서로 이야기를 나누어 보도록 한다. 한밤중에 잠이 깨는 것은 하나님이 당신과 이야기를 나누기를 원하시는 것이다. 새벽에 갑자기 잠이 깼는데 정신이 또렷하다면 사무엘처럼 말해 보는 것도 좋다. “주여 내가 여기 있사오니 말씀하옵소서.” 그러면 새로운 경험을 하게 될 것이다.

2 에스더는 왕이 소원을 말하라고 할 때 신중하게 시간을 끌었다. 당신은 중요한 일 앞에 어떻게 처리하고 있는가?

관찰문제 1번 참고. 우리 생각에는 왕의 요청에 곧바로 대답해야 할 것 같은데 에스더는 신중한 태도로 시간을 끈다. 왕 앞이면 서둘러 이야기할 것 같은데 말이다. 그러나 무엇이든 심사숙고하는 것이 좋다. 옛 속담에 “돌다리도 두드려 보고 건너라”는 말이 있듯이, 각자 생활 속에서 중요한 일을 어떻게 처리하는지 이야기를 나누어 보도록 한다. 한국 사회는 워낙 ‘빨리빨리’하는 것을 좋아하고 속도가 느리면 답답해한다. 그러다 보니 정작 신중하게 시간을 들여 고민하며 해결해야 할 일을 서둘러서 진행하다가 실패하거나 후회하는 경우가 있다. 이야기를 통해 서로 피드백을 나누어 보도록 한다.

3 모르드개와 에스더는 민족을 구하기 위해 한 팀이 되었고, 하만과 아내, 친구들은 남에게 해를 가하기 위해 한 팀이 되었다. 당신은 마음에 맞는 사람과 함께 하고 싶은 일은 무엇인가?

관찰문제 2번 참고. 모르드개와 에스더, 하만과 아내와 친구들은 서로 비슷한 사람이자 마음에 맞는 사람들이었다. 각자 마음에 맞는 사람과 함께 하고 싶은 일을 나누어 보도록 한다. 함께 봉사활동을 하거나, 여행을 가거나, 사업을 시작할 수 있다.

Ⅶ. 마무리

기도로 마무리한다.
제11주 관찰문제를 예습해 오도록 한다.
실천과제를 제시한다.

생활의 아로마(실천)

예 1) 자다가 깨면 “하나님 말씀하옵소서”라고 묵상하며 잠잠히 기다리도록 한다.

2) 선교에 마음 맞는 사람끼리 식사를 나누며 그날 헌금으로 한나라씩 선교지를 돕는 계획을 세우도록 한다.

제11주 반전의 절정

에스더 7:1–8:17

학습목표

1. 인간의 교만은 결코 좋은 결과를 가져올 수 없다는 사실을 알 수 있다.

KEYWORD **반전, 인과응보, 교만의 끝**

Ⅰ. 찬양과 기도

Ⅱ. 지난주 실천과제 나눔

Ⅲ. 복습문제 풀이

복습

1 잠 못 이루는 왕이 역대 일기에서 발견한 것은 무엇인가?(에 6:2)
왕을 암살하려는 음모를 모르드개가 고발하였다.

Ⅳ. 말씀 에스더 7:1–8:17을 다 함께 읽는다

7:1 왕이 하만과 함께 또 왕후 에스더의 잔치에 가니라 2 왕이 이 둘째 날 잔치에 술을
마실 때에 다시 에스더에게 물어 이르되 왕후 에스더여 그대의 소청이 무엇이냐 곧 허
락하겠노라 그대의 요구가 무엇이냐 곧 나라의 절반이라 할지라도 시행하겠노라 3 왕

후 에스더가 대답하여 이르되 왕이여 내가 만일 왕의 목전에서 은혜를 입었으며 왕이
좋게 여기시면 내 소청대로 내 생명을 내게 주시고 내 요구대로 내 민족을 내게 주소
서 4 나와 내 민족이 팔려서 죽임과 도륙함과 진멸함을 당하게 되었나이다 만일 우리
가 노비로 팔렸더라면 내가 잠잠하였으리이다 그래도 대적이 왕의 손해를 보충하지
못하였으리이다 하니 5 아하수에로 왕이 왕후 에스더에게 말하여 이르되 감히 이런
일을 심중에 품은 자가 누구며 그가 어디 있느냐 하니 6 에스더가 이르되 대적과 원수
는 이 악한 하만이니이다 하니 하만이 왕과 왕후 앞에서 두려워하거늘 7 왕이 노하여
일어나서 잔치 자리를 떠나 왕궁 후원으로 들어가니라 하만이 일어서서 왕후 에스더
에게 생명을 구하니 이는 왕이 자기에게 벌을 내리기로 결심한 줄 앎이더라 8 왕이 후
원으로부터 잔치 자리에 돌아오니 하만이 에스더가 앉은 걸상 위에 엎드렸거늘 왕이
이르되 저가 궁중 내 앞에서 왕후를 강간까지 하고자 하는가 하니 이 말이 왕의 입에
서 나오매 무리가 하만의 얼굴을 싸더라 9 왕을 모신 내시 중에 하르보나가 왕에게 아
뢰되 왕을 위하여 충성된 말로 고발한 모르드개를 달고자 하여 하만이 높이가 오십 규
빗 되는 나무를 준비하였는데 이제 그 나무가 하만의 집에 섰나이다 왕이 이르되 하만
을 그 나무에 달라 하매 10 모르드개를 매달려고 한 나무에 하만을 다니 왕의 노가 그
치니라 8:1 그 날 아하수에로 왕이 유다인의 대적 하만의 집을 왕후 에스더에게 주니
라 에스더가 모르드개는 자기에게 어떻게 관계됨을 왕께 아뢰었으므로 모르드개가 왕
앞에 나오니 2 왕이 하만에게서 거둔 반지를 빼어 모르드개에게 준지라 에스더가 모
르드개에게 하만의 집을 관리하게 하니라 3 에스더가 다시 왕 앞에서 말씀하며 왕의
발 아래 엎드려 아각 사람 하만이 유다인을 해하려 한 악한 꾀를 제거하기를 울며 구
하니 4 왕이 에스더를 향하여 금 규를 내미는지라 에스더가 일어나 왕 앞에 서서 5 이
르되 왕이 만일 즐거워하시며 내가 왕의 목전에 은혜를 입었고 또 왕이 이 일을 좋게
여기시며 나를 좋게 보실진대 조서를 내리사 아각 사람 함므다다의 아들 하만이 왕의
각 지방에 있는 유다인을 진멸하려고 꾀하고 쓴 조서를 철회하소서 6 내가 어찌 내 민
족이 화 당함을 차마 보며 내 친척의 멸망함을 차마 보리이까 하니 7 아하수에로 왕이
왕후 에스더와 유다인 모르드개에게 이르되 하만이 유다인을 살해하려 하므로 나무에
매달렸고 내가 그 집을 에스더에게 주었으니 8 너희는 왕의 명의로 유다인에게 조서를
뜻대로 쓰고 왕의 반지로 인을 칠지어다 왕의 이름을 쓰고 왕의 반지로 인친 조서는
누구든지 철회할 수 없음이니라 하니라 9 그 때 시완월 곧 삼월 이십삼일에 왕의 서기
관이 소집되고 모르드개가 시키는 대로 조서를 써서 인도로부터 구스까지의 백이십칠

지방 유다인과 대신과 지방관과 관원에게 전할새 각 지방의 문자와 각 민족의 언어와
유다인의 문자와 언어로 쓰되 [10] 아하수에로 왕의 명의로 쓰고 왕의 반지로 인을 치고
그 조서를 역졸들에게 부쳐 전하게 하니 그들은 왕궁에서 길러서 왕의 일에 쓰는 준마
를 타는 자들이라 [11] 조서에는 왕이 여러 고을에 있는 유다인에게 허락하여 그들이 함
께 모여 스스로 생명을 보호하여 각 지방의 백성 중 세력을 가지고 그들을 치려하는
자들과 그들의 처자를 죽이고 도륙하고 진멸하고 그 재산을 탈취하게 하되 [12] 아하수
에로 왕의 각 지방에서 아달월 곧 십이월 십삼일 하루 동안에 하게 하였고 [13] 이 조서
초본을 각 지방에 전하고 각 민족에게 반포하고 유다인들에게 준비하였다가 그 날에
대적에게 원수를 갚게 한지라 [14] 왕의 어명이 매우 급하매 역졸이 왕의 일에 쓰는 준
마를 타고 빨리 나가고 그 조서가 도성 수산에도 반포되니라 [15] 모르드개가 푸르고 흰
조복을 입고 큰 금관을 쓰고 자색 가는 베 겉옷을 입고 왕 앞에서 나오니 수산 성이
즐거이 부르며 기뻐하고 [16] 유다인에게는 영광과 즐거움과 기쁨과 존귀함이 있는지라
[17] 왕의 어명이 이르는 각 지방, 각 읍에서 유다인들이 즐기고 기뻐하여 잔치를 베풀고
그 날을 명절로 삼으니 본토 백성이 유다인을 두려워하여 유다인 되는 자가 많더라

V. 관찰문제의 바른 답

말씀 돋보기(관찰)

1 둘째 날 잔치에서 에스더가 왕에게 요구한 것은 무엇인가?(에 7:3–4)

자기와 자기 백성을 살려 달라

Tip 잔치가 무르익고 왕이 다시 "원하는 것이 무엇이냐?"라고 질문하자 에스더가 드디어 입을 열었다. 에스더가 왕에게 원한 것은 한마디로 "자기와 자기 백성을 살려 달라"는 것이었다(3절). 에스더는 자기와 자기 민족의 하나됨을 강조하면서, 함께 진멸당하게 될 위기에 처했다고 한다(4절). 그녀는 '만일 우리가 노예로 팔리는 정도'라면 침묵했을 터인데, 수없이 많은 죄 없는 사람이 도륙 당하게 되어서 자기는 잠잠할 수 없었으며, 죽음을 무릅쓰고 왕에게 나아간 것이라고 호소한다.

2 이 일을 꾸민 하만은 어떻게 처형되었으며, 죄명은 무엇인가?(에 7:8-9)

처형: 집에 준비되어 있는 50규빗이나 되는 큰 장대에 달렸다.

죄명: 왕비 강간죄

Tip 이 모든 일을 꾸민 '대적이자 원수'가 하만이라는 사실을 안 왕은 화가 나서 자리를 박차고 왕궁뜰로 가버렸다. 하만은 떨면서 에스더 앞에 엎드려 살려 달라고 애원했다(7절). 왕이 돌아왔을 때 왕은 하만을 '왕비를 강간하려는 것'으로 간주했다. 페르시아 법에 의하면 주변에 사람이 있다 할지라도, 왕 외에는 왕비와 최소한 일곱 걸음 정도의 거리를 유지해야 했다. 그러므로 에스더 앞에 엎드려 있는 하만을 왕은 자기 편할 대로 해석해 죄를 하만에게 뒤집어 씌운 것이다. 사실 하만이 유대인을 죽이라는 조서를 꾸민 것은 벌할 수 없다. 아하수에로도 반지를 빼어 주며 조서를 꾸미도록 했으니 간접적으로 가담한 것이기 때문이다.

그때 내시 하르보나가 하만이 모르드개를 처형하기 위해 자기 집에 50규빗의 큰 장대를 세워 놓은 사실을 왕에게 알려 주었다(9절). 왕은 하만이 모르드개를 죽이려고 세워 둔 장대에 하만을 달아 처형하라고 명령했다(9절).

3 하만은 자기 재산을 유대인을 몰살하는데 사용하려고 했으나, 하나님은 아하수에로 왕을 통해 이 재물을 어떻게 처리하시는가?(에 8:1)

에스더에게 주었다.

Tip 왕은 처형한 하만의 모든 재산을 에스더에게 주었다(1절). 왕이 하만의 재산을 에스더에게 줄 수 있는 이유는 페르시아 법에 의하면 처형당한 범죄자의 재산은 왕의 것이기 때문이다. 하만의 재산은 처형한 왕의 소유이기 때문에 왕이 에스더에게 준 것이다.

4 하만의 조서가 아직 유효할 때 에스더가 한 일은 무엇이며, 모르드개가 왕의 이름으로 작성한 조서 내용은 무엇인가?(에 8:3-5, 11-13)

왕에게 죽음을 각오하고 한번 더 나아가 간구함
유대인은 결집해서 해하려는 자들과 대항하여 싸울 수 있으며, 관료들은 유대인이 방어하기 위해 모으는 일을 도우라는 것

Tip 에스더와 모르드개가 왕의 신임을 얻고 하만의 재산을 얻어 갑부가 되었지만, 이미 왕의 이름으로 선포된 조서는 아직 유효했다. 에스더는 왕이 부르지 않았지만 죽음을 각오하고 한 번 더 왕에게 나아갔다. 에스더는 왕이 머무는 곳으로 찾아가 그의 발 앞에 엎드려 눈물을 흘리며 통곡했다. 에스더는 하만의 음모를 무효화해 달라고 간구했다(3절).

왕은 사랑하는 왕비가 이처럼 죽음을 각오하고 나왔으니 조치를 취하지 않을 수 없었다. 그러나 '이미 선포된 조서는 철회할 수 없다'는 사실만 인식하고 나머지는 자신들의 창의력을 활용하여 이 문제를 해결하도록 모르드개에게 일임했다.

모르드개가 작성한 조서 내용은 원래 하만이 유대인 학살의 날로 잡은 12월 13일에 각 지방에 사는 유대인을 결집해 해하려는 자들과 대항하여 싸울 수 있으며, 관료들은 유대인이 방어하기 위해 모으는 일을 도우라는 것이었다(11-13절). 아마도 하만의 조서가 유대인이 방어하기 위해 모이는 것을 금했기에 이런 조서가 내려진 것으로 보인다. 하만의 조서는 유대인이 싸워보지 못하고 일방적으로 당하게 한 것을, 모르드개의 조서는 유대인이 스스로 방어할 수 있도록 허락한다. 이 조서는 정당방위를 허락함으로 공평한 싸움이 되게 했다.

5 왕의 명령이 각 지방에 이르고 수산 성에 반포되자 어떤 일이 일어났는가?(에 8:17)

유대인: 기뻐하고 즐거워하고 잔치를 베풂
본토 백성: 유대인을 두려워해 유대인이 되는 자가 많아짐

Tip 왕의 조서가 제국의 모든 지방을 향하는 동안, 모르드개는 가장 영광스럽고 존귀한 모습으로 왕에게 나아갔다(15절). 광경을 지켜본 모든 사람이 기뻐했으며, 수산에 사는 유대인의 위상이 순식간에 수직 상승했다.

매우 극적으로 유대인의 운명이 반전되는 것을 보고 사람들이 두려워했으며, 많은 사람이 자청해서 유대인이 되었다(17절).

VI. 적용과 나눔

삶의 내비게이션(적용)

1 왕이 한 번 선포한 조서는 억울한 사람을 죽이는 잘못된 법이라도 번복할 수 없었다. 당신의 삶에서 다시는 돌이킬 수 없지만 번복하고 싶은 것은 무엇인가?

관찰문제 4번 참고. 페르시아 법은 왕의 칙령을 번복할 수 없다. 그러므로 악법도 지켜야 하는것이다. 각자 삶에서 번복할 수 없고, 돌이킬 수 없지만 다시 그때로 돌아간다면 바꾸고 싶은 것은 무엇인지 이야기를 나누어 보도록 한다. 마치 타임머신을 타고 그 시절로 다시 간다면 무엇을 바꿀 것인가 말해 보도록 한다. 예) 학창시절, 만남, 결혼, 이혼, 그 외 사건 사고 등

2 하만과 모르드개의 갈등은 어떻게 보면 왕이 제 역할을 감당하지 않아서 그렇다. 당신이 가장 책임져야 하는 일은 무엇인가?

관찰문제 4번 참고. 아하수에로 왕의 직무유기로 부하의 오만을 허용하게 되고, 민족간의 살생이 일어나게 되었다. 아하수에로 왕이 역할을 잘 감당했다면 하만과 모르드개의 갈등은 발생하지 않았다. 그러나 아하수에로 왕은 인장반지를 쉽게 내주면서 제 역할을 감당하지 못했다. 각자 책임져야 하는 일과 감당할 의무는 무엇인지 말해 보도록 한다. 한 사람의 책임 회피가 민족의 살생으로 이어질 수 있음을 기억하자. 그러므로 책임과 의무를 잘 감당하기 위해 어떻게 해야 하는지 서로 이야기를 나누어 보도록 한다.

3 하만의 조서는 유대인을 두려움에 떨게 했지만, 모르드개의 조서는 유대인에게 생명을 구할 수 있는 기쁨을 안겨 주었다. 당신은 어떤 소식을 듣기를 원하는가?

관찰문제 5번 참고. 각자 듣기 원하는 소식을 나누어 보도록 한다. 수능 시험을 본 사람은 수능 발표일을 기다릴 것이다. 어떤 이에게는 두려움의 소식이 될 수도 있고, 어떤 이에게는 기쁨의 소식이 될 수도 있다. 크리스천에게 여호와의 날은 두려움의 날이면서 기쁨의 날이다. 그것이 자신의 소식, 누군가의 소식, 나라 전체의 소식(예-통일)일 수도 있다. 인도자는 범위를 국한하지 않고 듣기 원하는 소식에 대해 나누도록 한다.

Ⅶ. 마무리

기도로 마무리한다.
제12주 관찰문제를 예습해 오도록 한다.
실천과제를 제시한다.

생활의 아로마(실천)

예 1) 한 쪽에 치우치지 않도록 한다.
2) 맡겨진 책임을 완수하도록 한다.

제12주 부림절의 내력

에스더 9:1–10:3

학습목표

1. 위기에서 구원하신 하나님을 기념하고 기억해야 한다.

KEYWORD **경고, 부림절, 전통**

Ⅰ. 찬양과 기도

Ⅱ. 지난주 실천과제 나눔

Ⅲ. 복습문제 풀이

복습

1 하만의 조서가 아직 유효할 때 에스더가 한 일은 무엇이며, 모르드개가 왕의 이름으로 작성한 조서 내용은 무엇인가?(에 8:3–5, 11–13)

왕에게 죽음을 각오하고 한번 더 나아가서 간구함

유대인을 결집해 해하려는 자들과 대항하여 싸울 수 있으며, 관료들은 유대인이 방어하기 위해 모으는 일을 도우라는 것

Ⅳ. 말씀 에스더 9:1-10:3을 다 함께 읽는다

9:1 아달월 곧 열두째 달 십삼일은 왕의 어명을 시행하게 된 날이라 유다인의 대적들
이 그들을 제거하기를 바랐더니 유다인이 도리어 자기들을 미워하는 자들을 제거하
게 된 그 날에 2 유다인들이 아하수에로 왕의 각 지방, 각 읍에 모여 자기들을 해하고
자 한 자를 죽이려 하니 모든 민족이 그들을 두려워하여 능히 막을 자가 없고 3 각 지
방 모든 지방관과 대신들과 총독들과 왕의 사무를 보는 자들이 모르드개를 두려워하
므로 다 유다인을 도우니 4 모르드개가 왕궁에서 존귀하여 점점 창대하매 이 사람 모
르드개의 명성이 각 지방에 퍼지더라 5 유다인이 칼로 그 모든 대적들을 쳐서 도륙하
고 진멸하고 자기를 미워하는 자에게 마음대로 행하고 6 유다인이 또 도성 수산에서
오백 명을 죽이고 진멸하고 7 또 바산다다와 달본과 아스바다와 8 보라다와 아달리야
와 아리다다와 9 바마스다와 아리새와 아리대와 왜사다 10 곧 함므다다의 손자요 유다
인의 대적 하만의 열 아들을 죽였으나 그들의 재산에는 손을 대지 아니하였더라 11 그
날에 도성 수산에서 도륙한 자의 수효를 왕께 아뢰니 12 왕이 왕후 에스더에게 이르되
유다인이 도성 수산에서 이미 오백 명을 죽이고 멸하고 또 하만의 열 아들을 죽였으니
왕의 다른 지방에서는 어떠하였겠느냐 이제 그대의 소청이 무엇이냐 곧 허락하겠노라
그대의 요구가 무엇이냐 또한 시행하겠노라 하니 13 에스더가 이르되 왕이 만일 좋게
여기시면 수산에 사는 유다인들이 내일도 오늘 조서대로 행하게 하시고 하만의 열 아
들의 시체를 나무에 매달게 하소서 하니 14 왕이 그대로 행하기를 허락하고 조서를 수
산에 내리니 하만의 열 아들의 시체가 매달리니라 15 아달월 십사일에도 수산에 있는
유다인이 모여 또 삼백 명을 수산에서 도륙하되 그들의 재산에는 손을 대지 아니하였
고 16 왕의 각 지방에 있는 다른 유다인들이 모여 스스로 생명을 보호하여 대적들에게
서 벗어나며 자기들을 미워하는 자 칠만 오천 명을 도륙하되 그들의 재산에는 손을 대
지 아니하였더라 17 아달월 십삼일에 그 일을 행하였고 십사일에 쉬며 그 날에 잔치를
베풀어 즐겼고 18 수산에 사는 유다인들은 십삼일과 십사일에 모였고 십오일에 쉬며
이 날에 잔치를 베풀어 즐긴지라 19 그러므로 시골의 유다인 곧 성이 없는 고을고을
에 사는 자들이 아달월 십사일을 명절로 삼아 잔치를 베풀고 즐기며 서로 예물을 주더
라 20 모르드개가 이 일을 기록하고 아하수에로 왕의 각 지방에 있는 모든 유다인에게
원근을 막론하고 글을 보내어 이르기를 21 한 규례를 세워 해마다 아달월 십사일과 십
오일을 지키라 22 이 달 이 날에 유다인들이 대적에게서 벗어나서 평안함을 얻어 슬픔

이 변하여 기쁨이 되고 애통이 변하여 길한 날이 되었으니 이 두 날을 지켜 잔치를 베
풀고 즐기며 서로 예물을 주며 가난한 자를 구제하라 하매 23 유다인이 자기들이 이미
시작한 대로 또한 모르드개가 보낸 글대로 계속하여 행하였으니 24 곧 아각 사람 함므
다다의 아들 모든 유다인의 대적 하만이 유다인을 진멸하기를 꾀하고 부르 곧 제비를
뽑아 그들을 죽이고 멸하려 하였으나 25 에스더가 왕 앞에 나아감으로 말미암아 왕이
조서를 내려 하만이 유다인을 해하려던 악한 꾀를 그의 머리에 돌려보내어 하만과 그
의 여러 아들을 나무에 달게 하였으므로 26 무리가 부르의 이름을 따라 이 두 날을 부
림이라 하고 유다인이 이 글의 모든 말과 이 일에 보고 당한 것으로 말미암아 27 뜻을
정하고 자기들과 자손과 자기들과 화합한 자들이 해마다 그 기록하고 정해 놓은 때 이
두 날을 이어서 지켜 폐하지 아니하기로 작정하고 28 각 지방, 각 읍, 각 집에서 대대
로 이 두 날을 기념하여 지키되 이 부림일을 유다인 중에서 폐하지 않게 하고 그들의
후손들이 계속해서 기념하게 하였더라 29 아비하일의 딸 왕후 에스더와 유다인 모르
드개가 전권으로 글을 쓰고 부림에 대한 이 둘째 편지를 굳게 지키게 하되 30 화평하
고 진실한 말로 편지를 써서 아하수에로의 나라 백이십칠 지방에 있는 유다 모든 사람
에게 보내어 31 정한 기간에 이 부림일을 지키게 하였으니 이는 유다인 모르드개와 왕
후 에스더가 명령한 바와 유다인이 금식하며 부르짖은 것으로 말미암아 자기와 자기
자손을 위하여 정한 바가 있음이더라 32 에스더의 명령이 이 부림에 대한 일을 견고하
게 하였고 그 일이 책에 기록되었더라 10:1 아하수에로 왕이 그의 본토와 바다 섬들로
하여금 조공을 바치게 하였더라 2 왕의 능력 있는 모든 행적과 모르드개를 높여 존귀
하게 한 사적이 메대와 바사 왕들의 일기에 기록되지 아니하였느냐 3 유다인 모르드
개가 아하수에로 왕의 다음이 되고 유다인 중에 크게 존경받고 그의 허다한 형제에게
사랑을 받고 그의 백성의 이익을 도모하며 그의 모든 종족을 안위하였더라

V. 관찰문제의 바른 답

말씀 돋보기(관찰)

1 하만이 유대인들을 죽이기로 한 12월 13일에 어떤 일이 일어났는가?(에 9:2–5)

유대인이 칼로 대적들을 쳐서 도륙하고 진멸하였다. 이들은 유대인을 미워하는 사람들이었다.

Tip 하만은 죽기 전에 꾸민 조서를 통해 유대인을 모두 죽이는 날로 12월 13일을 지정했다. 하만은 이날을 정하기 위해 점을 쳤다(3:7). 하만이 길일이라며 이날을 정했는데, 정작 그의 아들들의 초상날이 되었다. 모르드개는 새 조서를 통해 유대인에게 적들로부터 방어하기 위해 모일 수 있는 자유를 주었다. 유대인은 수산에서만 원수 500명을 죽였다(6절). 이들은 모두 특별한 이유 없이 유대인을 미워한 사람들이었다.

2 에스더가 왕에게 청한 두 가지는 무엇인가?(에 9:13)

a) 다음날에도 수산에서만 하루 더 원수들을 제거해주기를 청함

b) 하만의 열 아들들의 시체를 나무에 매달 수 있도록 청함

Tip 원수들을 모두 처단했으니, 또 무엇을 원하냐는 왕의 질문에 에스더는 두 가지를 청했다.

첫째, 다음날에는 수산에서만 하루 더 원수들을 제거하게 해 달라고 했다. 첫날 500명을 죽였는데, 다음날 300명을 죽이는 것을 보면 수산에서는 에스더가 요청한 대로 하루가 더 필요했다. 만일 하루로 끝마친다면 수많은 사람을 자극해 놓은 유대인이 앞으로 더 위험해질 수 있다. 복수의 싹을 제거하기 위해 하루가 반드시 더 필요했다.

둘째, 하만의 열 아들들의 시체를 나무에 매달 수 있도록 해달라고 했다(13절). 열 아들의 시신을 나무에 매다는 것은 왕의 허락이 필요하다(5:14). 고대 근동에서 죽은 자를 나무에 매다는 것은 망자에 대한 최고의 수치였다. 이런 상황에서 에스더는 하만의 아들을 매닮으로써 하나님 백성을 대적하는 자의 말로가 어떠한지 경고하고자 했다.

3 성경은 세 번이나 처단된 원수들의 재산은 손대지 않았다고 강조한다. 그 이유는 무엇인가?(에 9:15-16)

유대인의 살상의 목적은 약탈이 아니라 생존을 위한 투쟁이었음을 강조하기 위해

Tip 12월 13일 하루 동안의 살육이 끝났다. 수산에서는 500명과 하만의 아들 10명이 살해되었으며, 지방에서는 7만 5천 명이 생명을 잃었다(16절). 다음날도 에스더는 왕에게 부탁하여 수산에서 하루 더 유대인의 적을 죽일 수 있는 기회를 달라고 부탁해 300명을 더 죽였다(13절). 그러나 그들의 재산에는 손대지 않았다(10, 15–16절). 이 같은 사실을 세 차례나 언급하는 것은 유대인의 살상의 목적은 약탈이 아니라 생존을 위한 투쟁이었다는 것을 강조하기 위해서다.

4 부림절에 기념해야 하는 것은 무엇인가?(에 9:22–28)

하만의 음모를 뒤집으신 하나님의 은총을 기념

Tip 모르드개는 페르시아의 지방에 흩어져 사는 유대인에게 편지를 썼다. 하만의 음모를 뒤집으신 하나님의 은총을 기념해서 매년 이때에 이틀 동안 잔치를 하여 기념하도록 했다(27절). 모르드개는 이 절기를 부림으로 제정했다(26절). 부림은 아카디아어로 '제비뽑기'를 뜻하는 '부르'를 히브리어로 표기한 '부르'의 복수형이다(3:7). 모르드개는 부림절 때 이틀 동안 서로에게 기쁨과 축복의 상징으로 선물을 주며, 가난한 자를 배려하라고 한다(22절).

5 유대인들이 모르드개를 사랑하는 두 가지 이유는 무엇인가?(에 10:3)

a) 백성의 이익을 도모했기 때문에

b) 자기 종족의 안위를 살폈기 때문에

Tip 유대인은 모르드개를 두 가지 이유에서 더욱 사랑했다(3절).

첫째, 백성의 이익을 도모했다. 일을 결정하는 일에 있어 항상 백성을 먼저 두었고, 공동체를 우선하여 백성의 이익을 도모했다.

둘째, 자기 종족의 안위를 살폈다. 이런 사람을 백성이 사랑하고 존경하는 것은 당연한 일이며, 하나님도 이런 모르드개를 존귀하게 여기셨다. 그는 공동체의 평화와 안녕을 살피는 자였다.

삶의 내비게이션(적용)

1 에스더서는 보이지 않는 하나님이 은밀한 곳에서 세상을 주관하시고, 주의 백성의 삶에 개입하심을 잘 보여준다. 보이지 않는 하나님은 시간이 지나고 나서야 깨닫는다. 당신이 시간이 지나고 깨닫는 것은 무엇인가?

에스더서 전반에 하나님은 등장하지 않는다. 그러나 하나님은 적절한 곳, 적절한 때에 일을 진행하신다. 저자는 하나님의 개입을 의도적으로 희미하게 표현하지만, 하나님은 분명 백성의 일에 직접 참여하신다. 논리적으로 볼 때, 그는 모든 일에 개입하신다. 그러나 때로는 주님의 개입이 명확하지 않아 미지수로 남을 때가 많고, 하나님의 손길을 분별하기가 쉽지 않다. 그러므로 에스더서는 우리에게 매우 현실적 주해이다. 때로는 우연한 일 같고, 때로는 하나님의 침묵 속에 진행되는 일 같지만, 사실은 우리의 모든 일이 하나님의 주권 아래 주님의 은혜로운 개입으로 진행된다는 것을 명확이 선언하고 있다. 각자 하나님의 개입에 대해 체험한 것을 나누어 보도록 한다. 그때는 우연 같았는데 돌이켜보니 하나님의 개입일 수 있다. 그때는 응답이 없어서 답답했는데 하나님의 은혜일 수 있다. 각자 경험한 하나님의 은혜로운 개입에 대해 말해 보도록 한다.

2 하나님을 기념하는 것은 잔치를 베풀고, 선물을 나누는 데서 멈추지 않고, 가난한 자를 구제하는 것까지 이른다. 당신은 하나님을 기념하는 일에 어느 단계까지 실천하고 있는가?

관찰문제 4번 참고. 부림절을 맞이한 유대인은 잔치를 베풀고, 서로에게 기쁨과 축복의 상징으로 선물을 주고, 가난한 자를 배려했다. 페르시아 제국에서 약자인 자신들이 하나님의 은총으로 존귀한 자들이 되었지만, 지난날을 되돌아보며 자신들처럼 어려운 처지에 있는 사람을 돌봐야 한다. 하나님의 은혜를 경험한 사람은 그 은혜를 어려운 이웃과 나누어야 한다. 그러나 현실에서 우리는 잔치를 베풀고 선물은 나누지만 정작 어려운 이웃을 돕는 것은 소홀히 한다. 그러므로 각자가 어느 단계까지 실천하고 있는지 이야기를 나누어 보고, 자신들만

의 잔치에 머물지 말고, 그 은혜를 허락하신 하나님의 은혜를 어려운 이웃과 나누도록 한다. 서로 그 방법에 대해 피드백을 나눈다.

3 모르드개는 공동체를 우선으로 하고, 공동체의 평화와 안녕을 살펴서 존경받는 인물이 되었다. 당신이 존경받는 사람이 되기 위해 노력해야 하는 것은 무엇인가?

관찰문제 5번 참고. 모르드개처럼 하나님이 보이든 보이지 않든 그분의 가르침을 따라 최선을 다하면 하나님이 위상을 높이고, 모든 사람에게 존귀한 존재로 여김을 받게 하신다. 하나님의 가르침대로 살려면 삶은 자신만을 위한 것이 아니라, 이웃과 백성을 위한 것이어야 한다. 모르드개는 일을 결정하는데 자신의 이익보다 백성의 이익을 먼저 생각했다. 또한 주의 백성을 섬기는 일에 앞장섰다. 각자 존경받는 사람이 되기 위해 노력해야 하는 부분을 나누어 보도록 한다. 또한 모르드개처럼 개인보다 이웃(반 친구, 구역원, 회사 동료 등)을 더 사랑하는 사람이 주위에 있는가 말해 보도록 한다. 주위에 없다면 위인 중에서 찾아볼 수도 있다. 그분이 존경받는 이유를 나누어보고, 그분에 비추어 자신이 노력해야 하는 부분에 대해서도 말해 보도록 한다.

Ⅶ. 마무리

기도로 마무리한다.
다음 과정 성경 공부에 초대한다.
실천과제를 제시한다.

생활의 아로마(실천)

예 1) 기념일(생일, 결혼 기념일, 성탄절)에 구제에 관련해 기부한다.
2) 후손들이 나를 통해 역사하신 하나님을 기념하려면 어떻게 기억되기 원하는지 구체적으로 적어보고 실천한다.

비밀 유지 서약서

나는 이 그룹에서 나눈 것들을 다른 곳에 누설하지 않기로 약속합니다. 또한 다른 그룹원들이 숨기고자 하는 내용을 나누도록 압력을 가하지 않기를 약속합니다. 하나님과 그룹원들에게 나의 약속을 성실히 이행할 것을 서약합니다.

서명______________________________

날짜______________________________

룻기 · 에스더 말씀 공부를 통한 삶의 변화 일지

주	나의 말씀 적용(생활의 아로마)	실천과정과 결과
1주		
2주		
3주		
4주		
5주		
6주		

주	나의 말씀 적용(생활의 아로마)	실천과정과 결과
7주		
8주		
9주		
10주		
11주		
12주		

룻기 · 에스더 엑스포지멘터리 성경공부 출석

	1	2	3	4	5
이름 주					
OT (월 일)					
1주 (월 일)					
2주 (월 일)					
3주 (월 일)					
4주 (월 일)					
5주 (월 일)					
6주 (월 일)					
7주 (월 일)					
8주 (월 일)					
9주 (월 일)					
10주 (월 일)					
11주 (월 일)					
12주 (월 일)					
합계					
연락처					
메모 (가족/기도)					

6	7	8	9	10	11	12

송병현 〈엑스포지멘터리 시리즈〉의 저자. 캐나다 틴데일대학교(B. Th.)와 미국 시카고 트리니티복음주의신학교를 졸업하고(M. Div.) 동대학원에서 박사학위(Ph. D.)를 받았다. 1997년부터 백석대학교 구약학 교수로 봉직 중이며 2009년부터는 선교지의 지도자 교육을 위해 강사진을 파송하는 STAR 선교회를 이끌고 있다. 목회자와 신학생뿐 아니라 하나님의 말씀에 진지하게 귀 기울이기 원하는 이 땅의 그리스도인들을 섬기기 위해 활발한 성경 강해와 해석 사역을 펼치고 있다.

송(임)우민 캐나다 틴데일대학교(B. Th.)와 미국 시카고 트리니티복음주의신학교를 졸업(M. Div.), LA에 있는 탈봇신학교에서 기독교교육학으로 박사학위(Ph. D.)를 받았다. 20여 년간 북미와 한국에서 영어 주일학교 전도사로 교회학교 현장에서 사역했으며, CMIS 캐나다국제학교 이사, Korea Montessori College 교수, 몬테소리 교사 및 컨설턴트 등 다양한 교육학적 경력을 바탕으로 학부모 세미나, 부부 세미나, 교사 세미나와 주요 강사로서 가정과 교회학교를 말씀으로 세우기를 갈망하는 부모와 교사들을 섬기고 있다. 현재 백석예술대학교 보건복지학부 전임교수로 봉직 중이며, 남편 송병현 교수와 함께 STAR 선교회 이사로 섬기고 있다.

엑스포지멘터리 성경공부 시리즈 룻기 · 에스더 – 인도자용

초판 1쇄 발행 2016년 11월 1일
2쇄 발행 2024년 11월 1일

지은이 송병현, 임우민
구성 신윤영

펴낸곳 도서출판 이엠
등록번호 제25100-2015-000063
주소 서울시 강서구 공항대로 222, 1014호
전화 070-8832-4671
E-mail empublisher@gmail.com

내용 및 세미나 문의 스타선교회: 02-520-0877 / EMail: starofkorea@gmail.com / www.star123.kr

ISBN 979-11-86880-37-1 93230

「이 도서의 국립중앙도서관 출판시도서목록(CIP)은 서지정보유통지원시스템 홈페이지(http://seoji.nl.go.kr)와 국가자료공동목록시스템(http://www.nl.go.kr/kolisnet)에서 이용하실 수 있습니다. (CIP제어번호:CIP2015000753)」